UNE LECTURE AFRICAINE DES TROIS MÉTAMORPHOSES DE L'ESPRIT DE NIETZSCHE

5-7, rue de l'École-Polytechnique, 75005 Paris

http://www.harmattan.fr
diffusion.harmattan@wanadoo.fr
harmattan1@wanadoo.fr

ISBN : 978-2-343-03941-1
EAN : 9782343039411

AKE Patrice Jean

UNE LECTURE AFRICAINE DES TROIS MÉTAMORPHOSES DE L'ESPRIT DE NIETZSCHE

L'Harmattan

Du même auteur

OUVRAGES

NIETZSCHE ET SA VISION DE L'HOMME : Une interpellation de l'africain, L'Harmattan, 2010

NIETZSCHE FACE AU CINQUANTENAIRE DES INDEPENDANCES AFRICAINES, L'Harmattan 2011

NIETZSCHE ET LA CRITIQUE DU PRETRE, VOLUME 1, Paris, L'Harmattan 2013 (à paraître)

NIETZSCHE ET LA CRITIQUE DU PRETRE, VOLUME 2, Paris, L'Harmattan 2013, (à paraître)

Aux éditions UCAO, 2013

LECTURE PHILOSOPHIQUE MORALE ET AXIOLOGIE

LA LAICITE EN QUESTION ST-AUGUSTIN, UN PLATONICIEN CHRETIEN

REPRESENTATION CHRETIENNE DE L'EXISTANT HUMAIN ET DE LA PERSONNE AUJOURD'HUI EN AFRIQUE

Introduction

Cet ouvrage a pour titre « une lecture africaine des trois métamorphoses de l'esprit » de Friedrich Nietzsche. Avant d'en arriver à cette approche métaphysique qui veut partir de l'être de l'esprit, définissons d'abord, dans le langage courant, ce que nous entendons par « métamorphoses », par « esprit » et par « métaphore ».

Métamorphose[1], du grec **meta**, (après, derrière) et **morphé**(la forme) veut dire changement d'un être en un autre être. **Morphé** est un synonyme restreint de **eïdos**. Employé spécialement par Aristote au sens métaphysique : « La substance est composée de matière et de forme[2] » Mais la formule **hulê+morphê** n'est pas exclusive : on trouve aussi **hulê+eïdos[3].** Chez Archytas, la forme (**morphê**) est « la cause de l'Etre » et la substance (**ousia**) est le substrat qui reçoit la forme[4]. Le terme allemand « **Verwandlung** » veut dire changement, transformation, et métamorphose, au plan zoologique. Par métamorphose[5], on entend un changement général d'apparence, de fonction ou de nature. C'est ainsi que Goethe dans *La métamorphose des plantes*[6], étudie les changements de forme, de fonction et de structure des organes végétaux, ceci dans

....

1 GOBRY (Ivan).- *Le vocabulaire grec de la philosophie*, Ellipses 2000.

2 *Met.* ,H. 3; *Phys.* I, 9, II, 1.

3 *Phys.* X, II, 2; *De An.* III, 2, etc…

4 STOBEE, *Ecl.* I, 35.

5 SCHAEFFER(J.M.).- " Métamorphoses" in *Encyclopédie Philosophique universelle II.* Les Notions philosophiques, Paris, PUF 1990.

6 *La métamorphose des plantes* 1790.

le cadre d'une théorie générale des formes, la morphologie. Ses idées ont été reprises notamment en esthétique pour l'explication de l'évolution des formes artistiques. La métamorphose en tant que passage d'une forme de la vie à une autre constitue un thème mythologique privilégié, repris par les arts et la littérature.

Les métamorphoses des dieux et des héros de la mythologie gréco-romaine ont inspiré à Ovide (42 av. J.-C. – 18 apr. J.-C.) ses *Métamorphoses.* Mais l'*Odyssée* déjà connaît les transformations : Circé transforme les compagnons d'Ulysse en pourceaux et dans un autre épisode ce dernier doit se mesurer à Protée, maître des transformations continuelles. On reproche d'ailleurs aux dieux homériques leurs métamorphoses incessantes qui laissent quelque doute sur leur immutabilité. Athéna prend les traits du vieillard mentor, aussi aisément qu'Hermès se change en mouette, Apollon en vautour[7]. Leur rôle n'est pas moindre dans les contes populaires : le prince changé en crapaud (le **Froschkönig** allemand), les métamorphoses de l'ogre, etc.

Les métamorphoses les plus répandues sont les suivantes : a) La transformation de l'homme en animal. Forme canonique de la métamorphose, on la retrouve dans pratiquement toutes les mythologies et elle semble être une constance de l'imagination créatrice humaine. Dans la littérature occidentale on peut citer comme exemples célèbres *L'âne d'or* d'Apulée (II siècle après J.-C.) et *La métamorphose* (1915) de Franz Kafka. b) La transformation de l'animal en homme : c'est le cas du prince qui, de crapaud, redevient homme, ou encore de Lucius (*L'âne d'or*) qui, à la fin du récit, retrouve sa forme humaine. La littérature folklorique chinoise connaît cependant des histoires de renardes qui se transforment en femmes. c) La transformation d'un homme en un autre homme. Il s'agit souvent de la thématique du double, ainsi dans *Docteur Jekyll et Mister Hyde* de R.L. Stevenson. d) La transformation de l'homme en objet. On connaît les héros de la mythologie grecque changés en constellations, ou encore, dans la

7 BUFFIERE (Félix).- *Les mythes d'Homère et la pensée grecque* (Paris, Belles Lettres 1973), p. 555.

Bible, la femme de Loth, transformée en colonne de sel. Parmi les autres transformations on peut encore citer les transformations partielles (mi-homme, mi-animal), les transformations d'un homme en une partie de lui-même (*Le Nez* de Gogol), les transformations multiples (Protée, le Diable chrétien), etc. La motivation des métamorphoses peut être des plus diverses : expression de la punition divine (la femme de Loth), récompense divine (Philémon et Baucis), témoignage de pouvoirs magiques (l'Ogre, Thétis), sort jeté par une fée ou un personnage malfaisant (le prince transformé en crapaud), etc. Par contre il semble qu'au fondement de l'idée même de métamorphose on doive admettre l'existence d'une croyance magique en l'unité de la nature et en une continuité des formes dans lesquelles elle s'incarne. Cette croyance, les récits de métamorphose la partagent avec l'alchimie et la théorie de la métempsychose, qui toutes les deux pensent les transformations comme continuité dynamique des formes de la nature. Si Nietzsche ne donne pas une définition systématique de la métamorphose qu'il affectionne utiliser comme dans le récit « au sujet des trois métamorphoses », il emploie par contre la métaphore, qui se rapproche, un peu de la métamorphose du point de vue du style, et à cause du transfert de sens. Nous parlerons de la métaphore après avoir défini l'esprit.

Martin Gessmann[8] définit l'esprit, dans son *dictionnaire de philosophie*, comme quelque chose qui est commune à toutes les langues vivantes. Le grec (**pneuma**), le latin (**spiritus**), l'anglais (**spirit**), et l'allemand (**Geist**), sont les équivalents du mot français « Esprit ». Ces mêmes langues ont aussi des dérivés pour les adjectifs comme « spirituel ». Tous ces mots désignent étymologiquement quelque chose comme l'air en mouvement, une haleine, ou un souffle. André Lalande parle d'esprit comme « souffle, gaz, produit de distillation[9]. » L'esprit est une métaphore étonnante pour

8 GESSMANN (Martin). –"Geist" in *Philosophisches Wörterbuch*, (Kröner 2009).

9 LALANDE (André). –*Vocabulaire technique et Critique de la Philosophie*, (Paris, Quadrige 2006), p. 300.

traduire le principe de la vie ou la force vitale et donc quelque chose qui est légèrement comme l'âme dans la philosophie antique (en grec **psychè**, latin, **anima**). La **pneuma** paulinienne, qui utilise toutefois la traduction de la « **ruah** » hébraïque, veut dire le pouvoir de Dieu vivifiant et vivace et cela introduit une différence entre esprit et âme…L'esprit n'est plus ici le corporel organique vivant embarrassant, mais le physique vivant de Dieu et de ceux qui participent de lui[10]. La tension entre le physique organique et un esprit enlevé, est renforcée dans la philosophie moderne avec René Descartes, tandis que le physique organique est saisi matériellement et mécaniquement par le mot « esprit » comme la traduction de **mens**, qu'on a pris pour une substance peu importante, quand Descartes comprend l'âme humaine et l'homme peut être interprété comme image et ressemblance de Dieu. La conception cartésienne de l'esprit porte encore l'accent de celle du XVIIIe siècle, par laquelle l'importance de la conception de création s'est faite valoir à nouveau. Ainsi Emmanuel Kant traduit aussi le mot français « génie[11] » par « esprit » et veut signifier et apporter une expression aux idées esthétiques et faire de même pour les idées en général. L'esprit est « le principe animant les idées » et pour dire les choses simplement, « la faculté de raison productrice [12] » Il est « la réalité pensante en général, le sujet de la représentation avec ses lois et son activité propre, en tant qu'opposé à l'objet de la représentation.[13] » De cette façon la condition disparaissant pour l'utilisation de la notion d'esprit dans l'idéalisme allemand est donnée. Pour G.W.F. Hegel, l'esprit est effectivement le concept du vrai, auquel cas celui-ci est compris dans le sens d'un développement de lui-même. Dans l'élaboration systématique de cette pensée, Hegel fait la différence entre l'esprit « subjectif », l'esprit « objectif » et l'esprit « absolu ». L'esprit « subjectif » est une conscience humaine sous l'aspect

10 1Co 2,14-15.

11 *Critique de la faculté de juger* § 57.

12 *L'Anthropologie dans les limites de la raison* § 71, Akad.- Ausg., Bd 4, S. 176.

13 LALANDE (André). –*Vocabulaire technique et Critique de la Philosophie*, (Paris, Quadrige 2006), p. 300.

de son exécution et comprend des pensées, des sentiments, des soifs, ainsi que la volonté. Hegel entend par esprit « objectif », les manifestations intersubjectives de la vie humaine, dans la famille, la société et dans l'histoire. Les formes de l'esprit absolu enfin, l'art, la religion et la philosophie, doivent être caractérisées, qu'en eux la distance de l'accomplissement et la manifestation est dépassée et l'esprit est chez lui, par et en soi. Comme une radicalisation de la pensée hégélienne, de l'esprit comme réalisation de la liberté, le discours de Nietzsche sur « l'esprit libre » se laisse comprendre, pour nous, comme une forme de vie, de celui qui a renoncé à tout engagement et à la certitude de foi dogmatique, pour prendre en compte consciemment la pluralité et pour le caractère provisoire du monde.

Nietzsche[14] se propose d'arracher la notion d'esprit aux compréhensions idéalistes, métaphysiques ou spéculatives : l'esprit n'est pas une substance, il n'est pas la raison, ni une faculté suprasensible, mais désigne une série de caractères propres à la manière dont la volonté de puissance accomplit son jeu interprétatif : intelligence rusée, assez proche de ce que les Grecs nommaient la « **mètis** », « faculté d'invention et de dissimulation[15] ».

Dans la philosophie contemporaine, le mot « esprit » **(Geist)** (faute de meilleure alternative) est utilisé généralement pour la traduction de l'anglais (**Mind**) et qualifie de cette manière l'esprit, et rien d'autre qu'un sujet d'états mentaux, auquel cas, la question de savoir si ce sujet est quelque chose de physique ou non, a été franchement considérée d'abord, de sorte que la thèse matérialiste selon laquelle l'esprit humain est une partie (ou un aspect) du corps humain, dans le sens où le mot esprit est subordonné au corps, est aussi tolérable que la séparation de l'esprit et du corps dans le dualisme de la substance cartésienne. Ainsi il arrive qu'on trouve aujourd'hui généralement sous le titre de philosophie de

14 WOTLING (Patrick). – *Le Vocabulaire des Philosophes. Philosophie modern (XIXe siècle)*, p. 679.

15 *Par-delà bien et mal,* § 44.

l'esprit (**Philosophy of Mind**) des contributions d'une conception matérialiste et physicaliste du mental.

Toutefois, l'esprit est opposé à la matière, à la nature, à la chair, à la sensibilité. L'esprit est opposé à la matière ; l'antithèse est alors essentiellement celle de la pensée, de l'unité intellectuelle et de la multiplicité des éléments qu'elle synthétise. L'esprit est opposé à la nature ; l'antithèse est alors, soit celle du principe producteur et de la production, soit celle de la liberté et de la nécessité, soit celle de la réflexion et de l'activité spontanée. L'esprit est opposé à la chair, en tant que celle-ci représente l'ensemble des instincts de la vie animale ; primitivement, dans la langue théologique : « La chair a des désirs contraires à ceux de l'esprit, et l'esprit en a de contraires à ceux de la chair[16]. »Contrairement à ce que pense Claude Bruaire[17], l'esprit, n'est pas un vieux mot usé, archivé comme dénominateur commun des songes préscientifiques. « Esprit », en effet, a encore beaucoup d'emplois. « Esprit » désigne ce qui est, ce qui est réel, objectif, observable et vérifiable. On trouve l'esprit partout, il est précis et nouveau, et est la convention obligée de la modernité. Même si aujourd'hui ce qui est, ce qui mesure l'être et révoque l'imaginaire subjectif, c'est la « chose », comme élément ou ensemble de la matière dont les sciences prouvent et éprouvent l'indubitable « vérité », l'esprit a toujours sa place comme la quête du sens[18].

Une remarque importante s'impose dès lors : la révocation de l'être de l'esprit est contemporaine, à l'origine, comme en son développement, d'une réduction de l'objet de nos savoirs à la matière du monde. Malgré quatre siècles de domination de la science sur le monde de la pensée, de diktat de la mesure, il semble que « l'intériorité spirituelle comme ses manifestations demeuraient

---

16 St Paul, *Epître aux Galates,* 5, 17.

17 Bruaire (Claude).- "L'être de l'esprit" in *Encyclopédie Philosophique Universelle* I, L'Univers Philosophique, Paris, PUF, 1989, p.36.

18 Pour un approfondissement de cette question voir AKE Patrice Jean.- *Philosophie de l'Esprit* (Abidjan, Editions UCAO) à paraître.

lieu d'élection réservée à la réflexion philosophique.[19] » Malgré la pression du poids des choses matérielles et du prestige des techniques opérantes en leur monde, « l'intériorité s'avérait creuse comme un songe, vide d'être, ne faisant pas le poids », notre auteur ajoute « la philosophie se consumait elle-même pour faire l'aveu d'une illusoire phénoménologique[20] ».

Jean-Paul Sartre a pu constater dans l'*Etre et le Néant* que « la pensée moderne a réalisé un progrès considérable en réduisant l'existant à la série des apparitions qui le manifestent ». Dès lors, la science couple la phénoménologie empirique des sciences, comme une ombre vaine, cédant son champ incertain aux sciences humaines qui n'ont d'autre méthode que celle des sciences de la nature. Réduite alors à une vaine instance critique, « la philosophie, ajoute Bruaire, sombrait dans les soupçons d'elle-même, oublieuse du fond crûment naturaliste des dogmatiques qui les véhiculent.[21] » « Exclue du savoir, interdite de scientificité, privée de tout domaine réel d'investigation, la philosophie, aux dires de Bruaire, ne peut dès lors que s'assimiler aux mots des idéologies du siècle passé qui sont elles-mêmes condamnées à leurs deux normes constitutives : que leurs idées s'avouent comme dérivant de ce qui n'est pas l'idée, le sens du non sens, et qu'elles restent neutres à l'égard du vrai et du faux, comme des mots différents aux choses[22]. »Le concept ainsi privé de sa nécessité est alors indemne de l'être.

Une autre spécificité allemande dont il convient de parler, ce sont les sciences de l'esprit. Interpréter spécifiquement, il s'agit d'un nom générique pour désigner les disciplines historico-philologiques, y compris les sciences sociales, à la différence des disciplines mathématiques et les sciences de la nature. Le mot « sciences de l'esprit » (Lettres) émergeait d'abord comme un succédané, influencé par l'usage de l'idéalisme allemand du mot

19 Bruaire (Claude).- o.c., p.34.
20 *Ibidem*, p. 34.
21 *Ibidem*, p. 34.
22 *Ibidem*, p.34.

anglais « **moral sciences** ». Cette notion est entrée en philosophie par W. Dilthey avec son *Einleitung in die Geist* (*Introduction à l'esprit*), qui a entrepris en 1883, une tentative de fondement scientifique propre, comme celui qu'avait fait Hegel, en nommant « l'esprit objectif » et surtout « l'esprit absolu ».

A cet égard, chez Dilthey, les sciences de l'esprit sont conçues comme des expériences scientifiques des phénomènes de l'esprit, qui ont essayé d'établir, à la suite des efforts correspondants du Romantisme, un canon des sciences de l'esprit, quand un affaiblissement de la philosophie de l'esprit de Hegel est à considérer. Dilthey a entrepris plusieurs tentatives pour déterminer la différence entre les sciences de l'esprit et les sciences naturelles ; dans ce cas, les caractéristiques des sciences naturelles sont plus complexes et les sciences de l'esprit comprennent ainsi la conviction ; ce ferait que les sciences naturelles s'occupent de l'extérieur et les sciences de l'esprit de l'intérieur, du monde de l'esprit. La tentative de distinction de Dilthey a été reprise toutefois matériellement et différemment dans sa terminologie par le néokantisme. Obtenir maintenant des fonctions orientant, au lieu du contraste hégélien de la nature et de l'esprit, d'une part, la distinction méthodologique entre la science nomothétique et idiographique, et d'autre part, la confrontation des faits qui sont des valeurs qui sont en vigueur. Des phénomènes qui ne peuvent être saisis qu'idiographiquement, caractérisent la culture ; ainsi s'appellent les sciences de l'esprit chez W. Windelband, H. Rickert et autres philosophes néo-kantiens des « sciences de la culture ».

Dans la discussion récente sur le statut des « sciences de l'esprit », H.G.Gadamer a préconisé de reprendre l'accent mis sur le caractère de science des « sciences de l'esprit » et les accomplissements de la compréhension, en rapport avec la raison pratique, comme il l'a compris dans le concept de **moral sciences**. Dans ce cas l'opposition entre les sciences naturelles et les sciences de l'esprit perd également du poids. En revanche, cette opposition est soulignée dans la thèse de J. Ritter et de son école, dans laquelle les sciences de l'esprit sont comprises comme « compensation » de sens et de perte d'orientation dans un monde marqué par les sciences de la nature.

Le programme scientifique des « sciences de l'esprit » a été adopté d'une certaine manière aussi, récemment par la philosophie française, surtout chez M. Foucault, toutefois, par rapport à ce programme, un réglage est à opérer, qui modifie ici largement la compréhension des sciences de l'esprit et des sciences de la culture, dans la mesure où les phénomènes à décrire sont compris comme empreints de structure, de la même façon que les grammaires des différentes langues. Au cours d'une globalisation des sciences de l'esprit, la perte prévisible des engagements dans un contexte national comme celui du XIXe siècle, a surtout agi dans la fondation de la philologie comme motif, depuis le changement du millénaire, la notion et le concept des sciences de l'esprit et des sciences de la culture, apparaissent de plus en plus remplacés. Le droit propre de chaque culture est souligné, dans la mesure où les normes sont également toujours relativement culturelles, visant à l'explication des faits scientifiques. L'exigence de validité générale, comme elle fait partie du concept des sciences de l'esprit, depuis Hegel et Dilthey, jusqu'à Gadamer et Foucault, apparaît toutefois reprise. Contrairement à la conception initiale, les sciences de l'esprit sont comprises, en dernière conséquence dans le sens des sciences positives. Il est temps à présent de parler de la métaphore.

Au plan linguistique[23], « la métaphore est le transport à une chose d'un nom qui en désigne une autre, transport ou du genre à l'espèce ou d'après le rapport d'analogie » : c'est par cette définition aristotélicienne[24] que la métaphore est entrée dans la spéculation philosophique. Si l'on note que le trait commun aux quatre espèces mentionnées par Aristote est la ressemblance, et que les relations entre genres et espèces sollicitent en outre le rapport d'inclusion, une double opposition s'esquisse entre ressemblance et non-ressemblance, inclusion et exclusion (contiguïté), dont le

....

23 BOUCHARD (G.). "Métaphore" in *Encyclopédie Philosophique universelle II.* Les Notions philosophiques, Paris, PUF 1990.

24 *Poétique* 1457 b 6-9.

croisement permet d'engendrer les tropes proprement dites : a) inclusion + ressemblance = métaphores du genre à l'espèce ou de l'espèce au genre ; b) inclusion + non-ressemblance = synecdoque ; c) exclusion+ ressemblance = métaphores de l'espèce à l'espèce ou selon l'analogie ; d) exclusion (contiguïté) + non-ressemblance = métonymie.

L'affirmation courante que la définition aristotélicienne de la métaphore équivaut à celle du trope en général est donc inexacte, de même que l'assimilation à la synecdoque de ses premiers types de métaphore : si l'on ne caractérise la métaphore que par la ressemblance, et la synecdoque que par l'inclusion, ces deux types constituent des cas hybrides de métaphores-synecdoques. Le recours à la notion de ressemblance pour définir la métaphore constitue une constance de la rhétorique classique. Pierre Fontainier, par exemple, écrit : « Les tropes par ressemblance consistent à présenter une idée sous le signe d'une autre idée plus frappante ou plus connue, qui d'ailleurs, ne tient à la première par aucun lien que celui d'une certaine conformité ou analogie. Ils se réduisent, pour le genre, à un seul, à la métaphore[25]. » Ce recours perdure chez des auteurs contemporains comme Henle, Konrad, Le Guern, Ricœur.

Selon I.A. Richards, la métaphore maintient simultanément actives, au sein d'un mot ou d'une expression simple, deux pensées de choses différentes, et la ressemblance n'est pas son unique fondement possible. Cette conception, complétée par celles de Max Black et de Monroe Beardsley, constitue, selon Paul Ricœur, la théorie interactive de la métaphore, qu'il complète et corrige : la métaphore devient ainsi un énoncé qui, dans le cadre d'un discours et par l'entremise d'une prédication impertinente faisant appel à une pertinence fondée sur la ressemblance, produit une redescription heuristique de la réalité.

La conception classique de la métaphore, souvent qualifiée de substitutive (elle implique le remplacement d'un mot par un autre)

....

25 FONTANIER (Pierre). *Les figures du discours* (Paris, Flammarion 1977), p. 99.

et de comparatiste (elle serait une comparaison abrégée) compose, avec la théorie interactive, la conception sémantique, au sens large du terme, de la métaphore. Si la conception grammaticale, qui se préoccupe par exemple de l'aspect syntaxique du phénomène métaphorique, offre moins d'intérêt pour les philosophes, tel n'est pas le cas des récentes théories pragmatiques, qui s'échelonnent de l'affirmation que la métaphore relève de l'emploi du langage plutôt que de la signification des mots, à l'invention, pour la décrire, d'une nouvelle sorte d'acte de langage, en passant par l'idée qu'elle s'apparente à un acte de langage indirect. Searle, par exemple, soutient que la signification métaphorique relève de la signification de l'énonciation plutôt que de celle de l'énoncé, et Donald Davidson nie l'existence d'une signification métaphorique distincte de la signification littérale des mots en réduisant la première à une façon d'utiliser les mots.

Au-delà des conceptions sémantiques, grammaticales et pragmatiques, prolifèrent les descriptions idiosyncrasiques qui non seulement assimilent à la métaphore tous les tropes, voire les figures en général, mais qui l'exportent, en dehors du domaine linguistique, dans les sphères du travail de l'esprit en général, de la perception visuelle originelle, des images psychologiques, de la peinture, du système totémique, etc., voire qui en font un usage purement métaphorique. Les rôles attribués à la métaphore fluctuent selon l'acception plus ou moins large attribuée au terme. Du point de vue philosophique, l'intérêt se concentre sur sa forme cognitive. Stephen Pepper, par exemple, soutient que la construction d'une hypothèse métaphysique consiste à étendre à l'ensemble des faits l'analyse d'un groupe choisi de faits constituant la « métaphore radicale » ; il y aurait ainsi cinq métaphores radicale : la similarité, qui engendre le réalisme immanent ; la forme et la matière, qui engendrent le réalisme transcendantal ; pousser et tirer, qui engendrent le mécanisme ; le tout organique, qui engendre l'idéalisme objectif ; et le processus temporel, qui engendre le pragmatisme métaphysique. Jacques Derrida remet en question les présuppositions à partir desquelles on a pu demander systématiquement à la philosophie les titres métaphoriques de ses concepts, et il thématise l'impossibilité principielle, pour la philosophie, de maîtriser la métaphore dans le texte philosophique. Quant à Paul Ricœur, il souligne, après, entre autres, Max Black, les rapports entre la notion de métaphore et celle de modèle et, en se fondant sur le postulat de la référence et sur une conception généralisée de la dénotation, il élabore une théorie de la vérité métaphysique reliée à sa fonction de redescription heuristique de la réalité. Quel sens Nietzsche donne-t-il à la métaphore ?

Le mot métaphore[26] fait partie surtout du vocabulaire du jeune Nietzsche. Il l'utilise fréquemment à l'époque bâloise entre 1872 et 1873, et après 1875 – et évite clairement le jargon philosophique de plus en plus dans son vocabulaire – toutefois l'utilise-t-il à peine. Nietzsche emploie principalement la métaphore dans le cadre de ses conférences académiques de rhétoriques. Son argumentation (philosophique) avec la métaphore se trouve en particulier dans ses premiers écrits non publiés, comme *Die Philosophie im tragischen Zeitalter der Griechen* en abrégé **PHG**(*La philosophie à l'époque de la tragédie grecque)* et *Über Wahreit und Lüge im aussermoralischen Sinne*, en abrégé, **WL** (Vérité et mensonge dans le sens extra-moral) en particulier, dans lesquels, il recourt certes à des sources antiques et contemporaines, et en même temps développe aussi ses propres points de vue, dans sa pensée ultérieure, en projection. Nietzsche s'inspire de la rhétorique traditionnelle et poursuit une double piste : d'une part le besoin d'élargissement du vocabulaire par des caractéristiques métaphoriques nouvelles (« pauvreté », ce que l'on appelle « non pensé » en métaphore), d'autre part, le potentiel stylistique de la variation (« charme » ; **KGW**[27]). Il trouve une inspiration pour ses propres approches dans la philosophie linguistique romantique de Jean Paul ou

26 Benjamin BIEBUYCK.- " Metapher" in ChristIan NIEMEYER(hrsg.).- *NIETZSCHE-LEXICON*, German 2011, S. 243,244, 245.

27 Friedrich NIETZSCHE.- *Kritische Gesamtausgabe. Werke.* Hrsg v. G.Colli u. M. Montari. Berlin. New York 1975 ff (KGW II/4: 442).

Emerson et chez son contemporain G. Gerber (qui se trouve cité chez Jean Paul et Emerson)[28]. Eux aussi composent en entier dans une langue métaphorique et intègrent la métaphore dans un concept linguistique évolutionnaire, dans lequel le métaphorique disparaît progressivement par une accoutumance.

Une approche que Nietzsche citant, dans la WL, en poursuivant sa pensée, représente partiellement de façon créative. Le cœur de la notion de métaphore est le transfert, pour lequel Nietzsche utilise aussi la description dynamisante « le fait de fauter »[29]. Celui-ci indique que la métaphore ne désigne pas un produit (linguistique) mais une opération cognitive qui existe dans un au-delà (**Übergehen**) d'une sphère, sur la base d'une perception d'analogie initiale. Tandis que Nietzsche comprend d'abord et à l'instar du XIXe siècle, la résistance croissante de la rhétorique de dissocier la métaphore de la réalité (ontique) (mensonge)[30], il développe bientôt le point de vue qu'elle peut signifier (de constatation) un détour aussi bien une spécification(fleurie-illustrée). Inspiré par Gerber mais aussi par Schopenhauer qui lui procurent une critique de la connaissance, Nietzsche complète sa notion de sphère sémantique par une dimension épistémologique. Ainsi la métaphore signale les transitions effectivement nécessaires pour la langue de l'excitation nerveuse (physiologique) sur l'image (cognitive) et de celle-ci sur le son (linguistique) ou la notion (par une utilisation et une accoutumance à stabiliser). Une version simplifiée du modèle phasé avec attention de Gerber, représenté dans son ouvrage *Die Sprache als Kunst*[31].

28 MEIJERS A./ STINGELIN M. (1988).- *Konkordanz zu den wörtlichen Abschriften und Übernahmen von Beispielen und Zitaten aus* Gustav GERBER: *Die Sprache als Kunst* (Bromberg 1871) in *Nietzsches Rhetorik – Vorlesung und in "Ueber wahrheit und Lüge im aussermoralisches Sinne"* in NIETZSCHE-STUDIEN 17, 350-368.

29 KGW II/ 4:444).

30 NIETZSCHE.- *Fünf Vorreden zu fünf ungeschriebenen Büchern*, en abrégé CV 1; PHG 3.

31 MEIJERS A./ STINGELIN M. (1988).- *Konkordanz zu den wörtlichen Abschriften und Übernahmen von Beispielen und Zitaten aus* Gustav GERBER: *Die Sprache als Kunst* (Bromberg 1871) in *Nietzsches Rhetorik –*

Cela s'avère une confirmation de l'intuition romantique que « la langue est au dictionnaire pâlie de métaphores »[32]. Un avis positif de la métaphore qui – contrairement à la notion – ne feint pas d'indiquer en réalité des objets ou « la chose », mais marque la réalité interpellée mais non pas reconnue[33].

Avec la métaphore, le porte-parole peut rendre les objets tangibles ou pas, saisissables ou maîtrisables. L'analogie fonctionne comme support de la pratique du pouvoir linguistique ; Nietzsche parle d'instinct dans le contexte « d'impulsion fondamentale »[34]. Habituée, l'impulsion créatrice de la métaphore disparaît toutefois, et l'analogie (fabriquée artistiquement) se solidifie pour une identité (ontologique) tenue véritablement.[35] Nietzsche utilise plusieurs champs d'images comme le géologique (pétrifié), le nécrologique (momifié, trépas) ou le zoologique (dépouillé)[36]. De l'utilisation de la métaphorique « pétrifiée » parle à la foi en des liens ou à des causalités que Nietzsche expose d'un œil critique comme imaginaire. Par conséquent, il associe les habitudes de la langue nées de telle façon avec des abrutissements et il diagnostique avec eux la diminution de la sensualité et de la vitalité de la langue. Justement parce qu'elles revendiquent la vérité, de telles métaphores mortes, sont ainsi, pour Nietzsche, des mensonges. Il attend une revitalisation de la langue par une utilisation artistique. L'artiste ne persiste pas sur l'habituel, mais crée sa propre langue de métaphore, échappe ainsi aux vestiges et ranime encore l'impulsion de la métaphore originale. Il découvre les similitudes qui ne peuvent toutefois pas être implantées dans les « choses » elles-mêmes, ne peuvent toutefois représenter le résultat d'une réponse active sur une attraction nerveuse. Cette réponse forme

Vorlesung und in "Ueber wahrheit und Lüge im aussermoralisches Sinne" in NIETZSCHE-STUDIEN 17, 350-368.

32 D'après Jean Paul; KGW II/4, 443).

33 Aussi un écho de Jean Paul; KGW II, 4; 442.

34 Entre autres WL 2 ou NF(Nachgelassene Fragmente) 1872-73, 19[226].

35 Entre autres NF 1880, 3 [180].

36 Tout dans le WL 2 ou NF 1872-73 19 [228]. Cf. KOFMANN (Sarah)(1972).- *Nietzsche et la métaphore.* Paris.

l'approche de l'encastrement de la langue dans la philosophie de la volonté des années 1880.

La formation de la métaphore doit être comprise alors comme un acte de volonté, avec lequel le porte-parole cherche à élargir pour traiter d'inégal son pouvoir sur l'auditeur et la réalité référentielle. En même temps l'interlocuteur est forcé par la percée de la norme métaphorique dans une reconfiguration de la propre hiérarchie de la volonté et ainsi dans un développement du pouvoir autonome[37]. Même si le mot métaphore disparaît aussi bien conformément en 1875, des discours de Nietzsche, la fréquence de l'utilisation de la métaphore reste élevée. A partir de la deuxième moitié des années 1870, Nietzsche, en tant que philosophe-poète, qui envisage au moyen du développement de la langue de la métaphore dynamique, se forme à la renaissance de la pensée. Dans les collections d'aphorismes, des métaphores qui sont à la base d'une parabole – ou récit parabolique, deviennent plus tard de plus en plus dans les contextes littéraires, aussi bien que philosophiques, des configurations complexes[38]. Sont populaires les métaphores au génitif (par exemple : la sombre et sublime nuée d'orage de Jehova en colère »[39] et les métaphores d'identité (« Je suis un garde-fou au bord du fleuve[40]), à différents degrés les métaphores de virtualité, « A supposer que la vérité soit femme [41] ». Les métaphores complexes, les plus surprenantes portent sur la grossesse, le corps, la maladie, la santé, la nature (le temps, la cosmologie) et la navigation[42]. Dans les réflexions sur la poétique et le type de texte, la parabole figure désormais comme

....

37 BIEBUYCK (1994).- "Eine Zeichen – und Gleichnisssprache mit des späten Nietzsche. In: DUHAMEL/OGER(Hg.), 120-150.

38 Cf. GASSER P. (1993). – *Rhetorische Philosophie. Leseversuche zum metaphorischen Diskurs in Nietzsches "Also sprach Zarathustra"*, Bern.

39 Gai Savoir 137.

40 Za 1, Vom bleichen Verbrecher.

41 *Par-delà le Bien et le Mal*, Préface.

42 PAUTRAT (B) (1971).- *Version du soleil. Figures et système de Nietzsche.* Paris.

une alternative.[43]La métaphore est également utilisée comme un concept psychanalytique. Nous ne nous sommes pas intéressé à cette question dans le cadre de cette étude[44].

Quel sens donne par exemple Nietzsche, au mot esprit, quand il parle « des trois métamorphoses de l'esprit » dans son ouvrage *Ainsi parlait Zarathustra ?* Nous devons d'abord dire que

....

43 DERRIDA (1971).- *La mythologie blanche (la métaphore dans le texte philosophique.* In Poétique 5, 1-52; LACOUE-LABARTE P. (1971).- *Le detour (Nietzsche et la rhétorique)* in Poétique 5, 53-76; STERN J.P. (1978).- *Nietzsche and the Idea of Metaphor* In : PASLEY M. (Hg.) – *Nietzsche: imagery and thought.* London, 64-82; NAUMANN B. (1985).- *Nietzsches Sprache "Aus der Natur". Ansätze zu einer Sprachtheorie in den frühen. Schriften und ihre metaphorische Einlösung in "Also sprach Zarathustra".* In *Nietzsche-Studien 14, 126-163.* ZUNJIC S. (1987) *Begrifflichkeit und Metapher. Einige Bemerkungen zu Nietzsches Kritik an der philosophischen Sprache.* In *Nietzsche-Studien* 16, 149-163. GASSER P. (1993).- *Rhetorische Philosophie. Leserversuche zum metaphorischen Diskurs in Nietzsches "Also sprach Zarathustra"* Bern. KREMER MARIETTI A. (1992).- *Nietzsche et la rhétorique.* Paris. STINGELIN M. (1992).- " *Moral und Physiologie". Nietzsches Grenzverkehr zwischen den Diskursen:* In DOTZLER B. J. (Hg.) Technopathologien. München, 41-57. OTTO D. (1994).- *Die Version der Metapher zwischen Musik und Begriff.* In: Borsche/Gerratana/ venturelli (Hg.), 167-190. TEBARTZ-VAN ELST A (1994). – *Ästhetik der Metapher: zum Streit zwischen Philosophie und Rhetorik bei F. Nietzsche.* Freiburg; Br. BIEBUYCK B. (1994). – *Nietzsche und die Metapher: zwanzig Jahre später:* in *Recherches Germaniques* 24, 55-80. ID (1998).- *Nietzsches Curse on Christianity. Explorations of the Power of Creative Metaphor.* In DERS/DIRVEN R./RIES J. (Hg.). – *Faith and Fiction. Frankfurt/ M.,* 191-218. ID (2008). – *Von der Mystik der unthüllenden Fülle zum Mysterium der befehlenden Leere Mittelbarkeit und Unmittelbarkeit in F. Nietzsches Sprachphilosophie:* In BEREMSMEYER I(Hg).- *Mystik und Medien: Erfahrung – Bild- Theorie.* München, 133-149. MÜLLER-NIELABO D. (1995).- *Wider die "Vernunft in der Sprache". Zum Verhältnis von Sprachkritik und Sprachpraxis im Schreiben Nietzsches* Tübingen. HÖDL h.g. (1997).- *Nietzsche frühe Sprachpraxis. Lektüren zu "Ueber Währheit und Lüge in aussermoralischen Sinne (*1873), Wien. THALKEN M. (1999).- *Ein bewegliches Heer von Metapher: sprachkritisches Sprechen bei* F.N., GUSTAV GERBER, FRRITZ MAUTHNER und KARL KRAUS Frankfurt/ M. ZITTEL C. (2000). – *Die Aufhebung der Anschauung in Spiel der Metapher. Nietzsches relationale Semantik* In *Nietzscheforschung* 7, 273-285. MURPHY T 2001. *Nietzsche, Metaphor, Religion.* Albany.

44 PERALDI F. "Métaphore" au plan psychanalytique in *Encyclopédie Philosophique Universelle.* II. Les Notions Philosophiques. Dictionnaire. Volume 2, Paris, P.U.F. 1990

Nietzsche emploie dans d'autres écrits le concept « esprit libre ». Nietzsche appelle esprit libre celui qui pense autrement qu'on ne s'y attend de sa part en raison de son origine, de son milieu, de son état et de sa fonction, ou en raison des opinions régnantes de son temps[45]. Il est l'exception, les esprits asservis sont la règle, déclare-t-il dans *Humain trop humain*[46]. La liberté d'esprit constitue la première grande détermination du concept de philosophe tel que Nietzsche le repense. Elle traduit son caractère « inactuel » et son courage : sa capacité à affronter l'inconnu en un questionnement authentique et radical.

C'est le rapport à la croyance qui constitue le cœur de la notion d'esprit libre. Le propre de l'esprit asservi tient à son besoin de certitude, de fixité et de stabilité. La liberté d'esprit au contraire, se définit par l'indépendance[47], et désigne la capacité à se dégager de l'autorité des valeurs en vigueur (à commencer par la vérité, ou encore ce que Nietzsche appelle les « idées modernes » : la survalorisation de la pitié et la condamnation de la hiérarchie) et à les interroger – donc la capacité à vivre avec des valeurs différentes, voire inversées. C'est pourquoi l'esprit libre est fréquemment mis en scène à travers les images de l'aventurier ou de l'explorateur : « Là où un homme parvient à la conviction fondamentale qu'on doit lui commander, il devient « croyant » ; à l'inverse, on pourrait penser un plaisir et une force de l'autodétermination, une liberté de la volonté par lesquelles un esprit congédie toute croyance, tout désir de certitude, entraîné qu'il est à se tenir sur des cordes et des possibilités légères et même à danser jusque sur le bord des abîmes. Un tel esprit serait libre par excellence[48]. » C'est à la même notion que renvoient aussi les formules de « sans patrie », ou encore de « bon Européen » : cette dernière désignation peut être trompeuse, plus encore de nos jours qu'à l'époque de Nietzsche : elle ne vise pas une nouvelle appartenance, mais la libération à l'égard des

....

45 WOTLING (Patrick). – *Ibidem*, p. 663.

46 I, § 225.

47 Voir par exemple, *Aurore*, § 242.

48 *Le Gai Savoir*, § 347.

appartenances – « Le surnational, le bon Européen[49] » est encore défini comme « vagabond, apatride, voyageur – qui a désappris d'aimer son peuple, parce qu'il aime plusieurs peuples[50] ». La formule a le mérite de bien exprimer, en un temps où se renforcent les antagonismes nationaux que Nietzsche n'a de cesse de critiquer, le détachement nécessaire à l'égard des « patries », quelle qu'en soit la nature, comme condition fondamentale de la culture en son sens le plus haut.

Dans ce texte d'*Ainsi parlait Zarathustra*, l'esprit libre est comme une image du lion qui relève l'image du chameau qui est le symbole de la décadence. L' « esprit libre », c'est le grand sceptique qui se méfie de ce en quoi l'homme avait jusqu'alors le plus confiance. Il a le regard méchant ; il pénètre les arrière-plans vitaux de tous les « idéaux » ; il projette sa lumière dans les sous-sols du saint, du vrai et du bien, et rend manifestes des choses curieuses. Il acquiert ainsi les traits du prince hors-la loi. L'esprit libre de Nietzsche est la conscience de soi du saint, de l'artiste, du philosophe, mais cela ne signifie pas que ces figures vitales se saisiraient dans leur savoir subjectif comme libre esprit. Au contraire : elles croient en la transcendance, se prosternent devant elle et se soumettent à elle. Le libre esprit, c'est la réflexion radicale sur ces figures, c'est en elles toutes, la révolte de la liberté humaine. L'esprit libre abolit l'aliénation de l'homme en revenant des valeurs en soi à la création des valeurs. L'esprit libre se découvre lui-même comme le créateur de valeurs et acquiert par cette découverte la possibilité de créer de nouvelles valeurs, de transvaluer toutes les valeurs.

Nietzsche utilise aussi la notion d'« esprit de pesanteur ». Nous n'allons pas trop insister dans cette introduction. Disons que seul le *Zarathustra* en parle. C'est une image négative de l'attitude de l'esprit sérieux et grave. En face de cet esprit, il y a la facilité,

....

49 *FP* X, 26 [297].
50 *FP* XI, 31 [10].

symbolisée par la danse. Pour compléter cette étude de l'esprit de pesanteur, nous vous renvoyons au *Nietzsche Lexikon.*[51]

Dans notre étude, « une lecture africaine des trois métamorphoses de l'esprit de Nietzsche », nous citerons Nietzsche en français, mais nous garderons les références du texte de Giorgio Colli et Mazzino Montinari de la *Kritische Studienausgabe* (KSA) selon l'ordre des 15 volumes. Ainsi par exemple Quand nous citons *Ainsi parlait Zarathustra*, nous écrivons simplement 4 et cela correspond au KSA 4. Ensuite nous ajoutons le numéro de page et la ligne. Pour l'écriture de Zarathoustra, nous avons préféré écrire Zarathustra, comme dans le texte allemand. Une autre précision, à porter est celle-ci : pour les citations de bas de page, nous avons essayé d'harmoniser la méthode allemande et la méthode française. Mais nous n'avons pas pu nous empêcher de garder Seite que nous avons abrégé par S. ou encore **folgend**, pour suivant, que nous abrégeons ff, là ou le texte français emploie p, pour Page, et ss. pour suivants…Nous avons aussi utilisé ebd pour **ebenda**, dans les citations allemandes, là où nous avons aussi mis o.c., ouvrage cité.

Ainsi parlait Zarathustra n'a pas seulement pris une position particulière[52] dans les travaux de Nietzsche, mais aussi pour les interprètes; ce qu'on peut lire au faible nombre des commentaires du *Zarathustra*[53]. Bien que le *Zarathustra* de Nietzsche soit parmi les travaux les plus lus en langue allemande[54], toutefois peu d'interprètes ont réussi à rendre compréhensible la force de fascination incroyable que le *Zarathustra* exerce sur le lecteur.

51 HÖDL (Hans Gerald).- " Geist der Schwere in ChristIan NIEMEYER(hrsg.).- *NIETZSCHE-LEXICON*, German 2011, S. 128.

52 *Ecce Homo*, KSA 6, S. 343.

53 4 entre 1899 et 1922. a) NAUMANN, Gustav: *Zarathustra-Commentar*, Leipzig, 1889 (für die sozialistischen Arbeitvereine geschrieben; viele Anmerlungen, Vergleichstellen und Nietzsche biographische Anspielungen); b) GRAMZOW, Otto: *Kurzer Kommentar zur Zarathustra*, Berlin, 1907 (eher ein Register),; c) WEICHELT, Hans: *Zarathustra-Kommentar*, Laipzig, 1922 (Zusammenfassung von Naumann (I.)); d) Messer, August: *Erläuterungen zu Nietzsches Zarathustra*, Stuttgard 1922 (Eher pauschal und rassistisch)).

54 PIEPER, Annemarie: *Ein Seil geknüpft zwischen Tier und Übermensch*, S. 12.

Cela peut tenir à la symbiose d'une rhétorique et de la philosophie qui agit étrangement sur beaucoup de philosophes occidentaux et (cela) était chez les sophistes encore une partie de la philosophie, toutefois (cela) a été coupé par Platon de la philosophie[55]. La philosophie s'est orientée vers le modèle de la logique, la méthode de la science, sous laquelle la rhétorique s'est subordonnée, comme procédure du langage. Ce n'est que sur quelques travaux de l'époque actuelle, qu'on a continué sur de nouvelles bases, jusqu'à la critique de la rhétorique commencée par l'Antiquité, par exemple de l'école de Francfort par Adorno ainsi que Heidegger dans l'espace linguistique allemand, ou dans le poststructuralisme français avec Derrida, Kofman et Rey et les critiques littéraires américains comme de Man ou Culler[56]. Pas seulement la rhétorique mais aussi la langue de la métaphore qui semble apparaître dans le cœur du chapitre « des trois métamorphoses » plus que dans les autres chapitres du *Zarathustra*, rendent impossible de lui livrer une interprétation claire et finalement nous nous trouvons avec ce livre dans le champ de l'esthétique qui permet le poly-perspectivisme et qui ne procède pas selon le principe hégélien de la thèse, antithèse, synthèse; ce chapitre sépare différemment, et il peut y avoir en lui des déclarations côte à côte, se contredisant et qui sont en vigueur. L'image, le langage parabolique, l'aphorisme et la maxime se rencontrent dans le scepticisme philosophique, qui ne suffisent pas à l'exigence de cohérence, de systématique et de totalité prétendument. La méfiance, dans le cas du discours métaphorique contre lequel le « détour »[57] rhétorique devrait être celui qui obscurcit et ajuste, ce qui en « réalité » ou dans une importance littérale.

....

55 Son reproche, "les poètes mentent" jette l'ombre la plus longue sur l'activité intellectuelle que l'entreprise d'Aristote qui sauve la rhétorique comme objet de théorie philosophique.

56 GASSER, Peter: *Rhetorische Philosophie - Leseversuche Zum Metaphorischen Diskurs in Nietzsches "Also sprach Zarathustra"*, S. 7- Es gibt natürlich einige Ausnahmen wie zum Beispiel Rousseau oder Herder, die zur Rehhabilitierung der Rhetorik beigetragen haben.)

57 Comparer la dessus J. Derrida: *Die differance* ainsi que Ph. Lacoue-Labarthe: *Der Umweg.*

Les images et les paraboles utilisées par Nietzsche doivent être interprétées pour comprendre la teneur philosophique des enseignements de Zarathustra. Une telle interprétation peut servir puisqu'il ne doit pas s'agir d'une interprétation pour décrire une métalangue d'images par de nouvelles images. « Tandis que l'éclaircissement interprétant la langue métaphorique de Zarathustra au moyen d'un métalangage philosophique, formule abstraitement ses déclarations, arrive avec celles-ci, une aliénation particulière. Jusqu'à un certain degré une aliénation de ce genre va de pair inévitablement avec chaque interprétation, pour autant qu'elle représente une intervention dans l'œuvre d'art complexe. »[58] Dans la philosophie, l'effet d'aliénation se tient généralement dans les limites, puisqu'il s'agit de pensée abstraite et qu'en interprétant, on n'a pas quitté le support du concept. La ligne entre une langue interprétée et une langue interprétante se franchit en philosophie, puisque les concepts peuvent être décrits et analysés par d'autres concepts.

« Mes phrases décrivent, du fait qu'elles reconnaissent celui qui me comprend, à la fin comme absurde, s'il est monté par elles - sur elles - il doit surmonter ces phrases, alors il voit correctement le monde. »[59]

Les discours de *Zarathustra* constituent un fort pourcentage du livre dans son ensemble; mais ils sont particulièrement dominants dans la première partie. L'abstraction qui caractérise beaucoup de discours de *Zarathustra* est en quelque sorte atténuée par des mises en place imagées. La partie I du *Zarathustra* consiste en une série de discours métaphoriques.

Après cette première partie que nous intitulons le commentaire du texte de Nietzsche, nous ferons une lecture africaine, dans une seconde partie. Pourquoi une lecture africaine de Nietzsche ?

....

58 Piepe ebd. S. 27.

59 WITTESGENSTEIN: *Tractatus logico-philosophicus*, Francfort, 1969, S. 115.

Nous faisons une lecture africaine de la philosophie nietzschéenne parce que nous retrouvons le même homme dans les différentes traditions philosophiques. Nous partageons ainsi la conviction de P.T. Raju dans son introduction à la philosophie comparative. Selon cet auteur, la philosophie devrait commencer par l'homme. Mécontents des approches à partir de l'esprit, les philosophes ont commencé par la nature physique ou la matière afin d'avoir une base sûre pour la philosophie[60]. Incapables d'expliquer la vie, la nature morale de l'homme et l'expérience spirituelle à partir de la matière, certains philosophes ont commencé par la vie, pensant que c'était une base plus tangible que l'esprit. Mais ils ne pouvaient pas expliquer la matière et l'esprit à partir de la vie. La foi dans le surnaturel a pris le dessus parfois. Mais d'autre part, l'homme a détruit la confiance en la raison, en l'expérience et en l'action néanmoins autant qu'il s'agisse du monde. Pourquoi ne pas commencer par l'homme, pour quoi la philosophie a-t-elle un sens comme guide de la vie, pour qui la vie, la conscience, l'esprit, ont-ils un sens et une signification ? En l'homme, tout est réuni et tout est intégré. La philosophie doit clarifier la nature de cette intégralité et donner à l'homme une image de ce qu'il est. Elle doit également suggérer à l'homme comment il est et doit être motivé dans sa pensée et son action et comment il doit être guidé. Même pour la philosophie comparative, l'homme doit être l'idée centrale, le dénominateur commun pour comprendre et évaluer les tableaux divers des traditions philosophiques.

Dans la tradition philosophique africaine, deux attitudes se dégagent quand elles veulent parler de ce continent de « 30300000 km^2, habité par plus de 906 millions d'Africains en 2005[61] ». Il y a d'abord l'afro-pessimisme qui peut se résumer en un mot, la mal-gouvernance. Un auteur s'est donné de la peine pour nous recenser 12 rubriques d'enrichissement immoral, illicite ou

60 RAJU (P.T.).- *Introduction to comparative philosophy*, Southern Illinois University Press 1962, p. 3.

61 BERNARD NANTET.- *Dictionnaire de l'Afrique. Histoire. Civilisation. Actualité*, Paris, Larousse 2006, p. 8.

criminel dans son pays. Nous noterons que les plus significatives : « Dès l'annonce d'une augmentation des salaires des travailleurs, les prix des biens et services sur le marché augmentent[62]. » En plus l'auteur souligne les malversations dans l'usage des services sociaux de base – eau, électricité, téléphone : « D'un côté il y a des abonnés qui ne paient pas leurs factures ; de l'autre on voit des employés de ces services accepter de l'argent des mains de certains particuliers pour cautionner des fraudes. Pire encore, même le matériel de base, par exemple les fils électriques, est volé dans ces services.[63] » A côté de ce sentiment de nihilisme absolu, il y a ceux qui croient en la renaissance de l'Afrique.

Ernest Essuman-Mensah, quant à lui, est pour la résurrection de l'image de l'Afrique et de son passé vrai. Si nous sommes parfaitement d'accord avec lui pour dénoncer le vol de l'histoire de l'Occident et de dire comment l'Europe a imposé son récit au reste du monde, nous sommes déroutés par sa démonstration pour faire de Jésus un noir[64]. Que Jésus soit blanc, jaune, noir ou jaune, ce n'est pas cela le problème. La parole de Dieu s'incarne dans toutes les cultures de la terre. « La Parole universelle que Dieu adresse à l'humanité est la Parole devenue chair – une Parole qui s'exprime par la particularité radicale de la figure de Jésus de Nazareth[65]. » Par contre, la concordance entre les noms modernes ghanéens et leurs dérivés de l'Ancienne Egypte est toutefois sublime.[66] Il est question aussi de renaissance de l'Afrique chez Marcel Zadi Kessy. Pour notre auteur, « en Afrique, on ne peut être en dehors de la politique. Tout le monde est dans la politique, elle vous mange ! Tout citoyen éprouve le sentiment que la voie d'une carrière politique est la seule chance de salut pour sa

....

62 SAÏD BEN (Mahmoud).- *Guinéens, adoptons la bonne gouvernance.* Guinée, L'Harmattan, 2010, p.20.

63 SAÏD BEN (Mahmoud).- o.c., p. 23.

64 ESSUMAN-MENSAH (Ernest).- *Resurrecting Africa's image and true past, (bedrock for Africa's glorious future)* SNB Publishers, p. 88.

65 PEELMAN(Achiel).- *L'Inculturation. L'Eglise et les cultures.*Desclée/ Novalis 1989, p. 80.

66 ESSUMAN-MENSAH(Ernest).- o.c., 139.

promotion sociale[67]. » Et la triste conclusion vient plus loin : « La démocratie telle qu'elle est pratiquée dans notre pays est un facteur de désordre et de pagaille ! Triste constat, certes, mais oh combien réel [68]! » Nous sommes en partie d'accord avec cet auteur. Mais son analyse me paraît incomplète et inactuelle dans la mesure où il ne dit pas un mot sur les coups d'Etats des temps modernes, où des incompétents sont parajutés par les armes, à la tête de nos Républiques bananières, avec l'aide de rebelles, savamment organisés et formés par les armées d'occupation…Le même Occident qui nous parle d'intégrité morale dans la vie publique[69], ne respecte plus les mêmes règles quand ses intérêts économiques sont menacés. Entre cet afro-pessimisme et cet afro-optimisme, nous avons choisi Nietzsche comme un guide pour les perplexes comme nous autres[70]. Dans un monde qui ne respecte plus les valeurs, où la puissance de l'argent est la seule référence humaine, où les grandes puissances dictent leur justice et leur vérité aux plus faibles, Nietzsche semble être la seule voix qui critique le monde moderne de l'intérieur. Pourtant, Nietzsche n'est pas un philosophe usuel parmi les philosophes du fait que beaucoup le lisent à l'extérieur de la philosophie scolaire, mais aussi également dans le milieu universitaire. En Afrique, beaucoup d'étudiants en philosophie et même en Lettres Modernes, qui ne l'ont pas encore étudié dans leurs parcours universitaire, sont séduits par lui. Mais ils sont aussi nombreux à le choisir pour sujet de Master et plusieurs collègues ont écrit leurs thèses sur lui (Doctorat Unique, Doctorat d'Etat, Doctorat de 3è Cycle) : ce sont les Professeurs (Niamkey Koffi, Yacouba Konaté, Biaka Zasseli Ignace, Abou Karamoko, Boa Thiémélé Ramsès, Aké Patrice, Koffi Honoré et Assémien…)

....

67 ZADY KESSY (Marcel).- *Renaissances africaines. Le continent noir décrypté par l'un des siens. Conversations avec Jean-Luc Mouton* , Ilots de la résistance 2010, p. 194.

68 ZADY KESSY (Marcel).- o.c., p. 198.

69 DOBEL Patrick J. *Intégrité morale et vie publique*, Paris, Nouveaux Horizons 2003.

70 HILL KEVIN R. *A guide for the perplexed.* Continuum International Publishing Group 2007.

Nietzsche est parmi les quelques philosophes lus par les personnes qui ne lisent pas la philosophie. C'est en partie parce que les écrits de Nietzsche sur les sujets psychologiques contiennent la théorie explicative et le conseil des lecteurs qui tracent leur sillon et trouvent cette débrouillardise attrayante. Cette lecture africaine des *Trois métamorphoses de l'esprit* de Nietzsche nous permettra de comprendre l'Afrique et permettra à ce continent de s'inventer dans ce grand désordre mondial : comment renaître de nouveau quand on est déjà né ? Cette question nicodémienne[71] trouvera ici sa réponse, à travers Nietzsche et nous ouvrira beaucoup d'autres sensibilités dans le champ de la recherche.

71 Voir la question du pharisien nommé Nicodème qui vient trouver Jésus pendant la nuit et lui demande comment renaître quand on est déjà vieux... Jn 3,1-21.

Première partie

Commentaire du texte de Nietzsche

Commenter un texte philosophique c'est se laisser porter par le texte lui-même. Un texte est un tissu. Les fils sont entremêlés. Il faut savoir dans ce labyrinthe, comme Thésée avancer avec le fil d'Ariane, pour éviter le Minautore. Parfois le texte peut ne rien nous dire, on dit alors que le texte babille. Commenter un texte philosophique, c'est d'abord, maîtriser la technique du commentaire de texte ordinaire. Mais un texte philosophique est traversé par l'esprit d'un auteur. Il faut évoquer l'esprit de l'auteur pour entrer en dialogue avec lui. C'est alors que le texte s'éclaire. L'auteur alors nous dévoile son génie créateur et alors sa vie apparaît dans le texte.

Chez Nietzsche, la remarque n'est pas fortuite. Nietzsche lui-même s'exclame à plusieurs reprises dans ses lettres, quand il vient d'achever une œuvre : "**Mihi ipsi scripsi**!" Pour Lou Andréas Salomé qui a bien connu l'auteur, "le premier styliste de son temps, en employant ces mots, ne devait certes pas parler à la légère, qui n'avait pas son égal dans l'art de trouver la formule qui épuisait chacune de ses pensées et ses nuances les plus subtiles. Pour qui sait lire les œuvres de Nietzsche, ces mots sont donc révélateurs: ils rappellent la clandestinité qui entoure chacune de ses idées, l'enveloppe mouvante et protéiforme qui les dérobe à nos regards. Ils indiquent que Nietzsche ne pensait, au fond, que pour lui-même; qu'il n'écrivait que pour lui-même parce qu'il ne décrivait que lui-même; et que c'était sa substance même qu'il transmuait en pensées.[1]

L'importance de la maîtrise de la langue nous a paru nécessaire. Comprendre Nietzsche, c'est laisser la langue allemande vibrer en nous, à travers son génie, sa rigueur et sa substance même. "Voici deux siècles que la langue allemande a repris une partie de cette prétention. Deux siècles marqués par une production de philosophes allemands et de philosophie allemande qui écrase les autres productions nationales par le nombre, par la continuité et l'importance des œuvres publiées, ne laissant à ceux qui veulent la connaître que deux solutions: apprendre l'allemand ou lire les traductions[2]."Nous avons choisi de lire Nietzsche dans le texte allemand et nous nous rendons compte qu'il est sublime.

Nietzsche est un philosophe et un poète. Sa pensée opère un renversement critique, visant à évaluer les valeurs, en révélant le fondement caché d'où elles dérivent et en ramenant l'éthique philosophique à un simple point de vue dont l'origine est occultée. Ce fondement, en dernière analyse physiologique[3], est la manière d'être de l'individu, c'est-à-dire de souffrir, de jouir, de faire face au hasard et à l'injustice de la vie. C'est pourquoi s'interroger sur la vérité c'est poser la question: qui veut le vrai et surtout le vrai "à tout prix" ? alors que l'ignorance, l'incertitude, l'illusion, le mensonge sont des conditions fondamentales de l'existence.

A la question de l'essence: qu'est-ce que la philosophie ? La poésie ? Le perspectivisme généalogique substitue celle du sens, de l'interprétation: qui utilise la philosophie ? Qui s'empare de la poésie ? L'auteur ? Le lecteur ? Quel besoin en nous philosophe ou

....

1 ANDREAS-LOU (Salomé).- *Friedrich Nietzsche à travers ses œuvres.* (Paris, Bernard Grasset 1992), p. 27.

2 LEFEBVRE (Jean Pierre).- *Philologie et philosophie: les traductions des textes philosophiques allemands* in *Encyclopædia Universalis.* Symposium, Paris, 1985, p. 110.

3 "Celui qui est éveillé et conscient dit: je suis corps tout entier et rien d'autre", *Ainsi parlait Zarathustra* I.

poétise ? Ni la philosophie, ni la poésie n'existent en elles-mêmes. En tant que textes, elles sont d'abord investies par la volonté de puissance de leur auteur qui est peut-être déjà investie ailleurs. Le rapport d'un lecteur à un texte est d'abord le rapport d'une puissance à une puissance. Toute puissance se définit par sa relation à l'objet sur lequel elle s'exerce, par sa force quantifiée, par sa qualité, affirmation ou ressentiment. Mais si la philosophie de Nietzsche peut investir une forme poétique, cela implique que celle-ci sans avoir une essence en soi est néanmoins quelque chose. La question qui se pose n'est pas celle de l'affinité de la poésie avec la philosophie, car la philosophie est, semblablement à la poésie, une forme captée par telle ou telle volonté. Ainsi l'esprit moralisateur a-t-il le plus souvent investi l'une et l'autre: 'Les poètes (...) ont toujours été les valets de chambre de quelque morale[4]". La philosophie dans ses premiers balbutiements qui semblent ne plus finir est "tenue en lisière" par l'idéal ascétique[5]. La véritable question doit être ainsi formulée: y a-t-il affinité entre la forme poétique, séparée de son utilisation par les poètes, et la philosophie généalogique, puissance captatrice ?

Par sa musicalité, sa polysémie, sa puissance de jeu qui lui donne son innocence, l'élément poétique éveille et stimule la volonté de puissance plastique. Il se prète au charme, au recel, au hasard, qualités qui sont celles de l'activité vivante elle-même. Derrière les calculs rationnels, la volonté de connaître, la dépréciation culpabilisatrice de la vie, se cache la volonté de ne plus souffrir de l'homme du ressentiment. Maîtriser, limiter, affaiblir, canaliser, telle est sa tâche incessante qu'il accomplit sur le monde mais aussi sur lui-même. L'image poétique plurielle, imprévisible, apparaît comme dangereuse à son esprit maladif à qui toute émotion violente est insupportable. Ce dont il a besoin, ce sont les petites satisfactions quotidiennes et prévisibles. Inconsciemment Il travaille à se rendre insensible. C'est pourquoi la pierre de touche qui nous permet de reconnaître l'esprit affirmateur est sa

4 *Le Gai savoir* I.

5 *La Généalogie de la Morale* III, 9.

capacité d'accueillir les grandes émotions[6]. Il existe une poétique réactive dans laquelle la forme poétique est maîtrisée, affaidie, humiliée. La poésie est alors prétendument rachetée par l'idée, la spiritualité, semblable à ces modes musicaux, appréciés par Platon, que leur ordonnancement mathématique ou leurs effets bénéfiques sur le courage guerrier sauvaient de la condamnation sans appel de l'art. Il existe aussi une forme sournoise de cette poésie dans laquelle la morale, le ressentiment se masquent sous des oripeaux poétiques.

L'entreprise généalogique arrache les masques. En s'investissant dans une forme poétique qui se déploie librement elle effectue une quadruple révélation: celle du caractère évaluateur de toute philosophie, du caractère propre de la philosophie généalogique comme évaluation des valeurs, de l'affinité de la forme poétique avec l'esprit affirmateur, du caractère réactif de la poésie moralisante. Mais le poème qui révèle doit lui-même être interprété. La genèse qu'il exprime reste d'une certaine manière voilée. Lui qui évalue doit être évalué. Précisément, une des formes privilégiées de l'écriture nietzschéenne est l'aphorisme laconique dont le sens est enveloppé. Proche de la maxime dans sa forme, il en diffère dans son fond. Celle-ci éclaire les mobiles cachés.

Mais le mobile n'appartient qu'à une couche superficielle de l'activité humaine. Il n'exprime pas l'origine radicale des évaluations.[7] Dans le paragraphe 8 de l'Avant-Propos de la *Généalogie de la Morale*, Nietzsche affirme que la troisième dissertation est un commentaire de l'aphorisme qui la précède et un modèle d'interprétation. Quelques lignes plus tôt, il écrit à propos de son *Zarathustra*: "Il est assez clair pour peu qu'on ait lu avant mes écrits précédents et qu'on n'y ait pas épargné sa peine". La connaissance préalable de la doctrine est donc la condition

6 "En ce qui concerne mon Zarathustra, je n'admets pas qu'on prétende le connaître, si l'on n'a pas été, à un moment ou à un autre, tantôt profondément blessé, tantôt profondément ravi par chacun de ses mots..." *La Généalogie de la Morale*, avant-propos 8.

7 DELEUZE (Gilles). – *Nietzsche et la philosophie*, p. 13.

qui rend possible l'accès aux textes poétiques. Inversement, le commentaire du poème est un retour à l'expression prosaïque de la pensée. Le poème n'est-il alors que l'expression d'une pensée qui lui préexiste ? Le poétique ne surgit-il du non-poétique que pour se résorber en lui ?

La première fonction inaliénable de la poésie nietzschéenne, c'est d'être un appel à la flèche de l'esprit. Par son caractère fragmentaire, allusif, équivoque, elle exige un lecteur actif, interprète et créateur. Elle nous invite à repenser ce qui a été pensé. Elle nous demande de "savoir ruminer[8]" pour nous l'aproprier dans une patiente interrogation qui fait jouer la prolixité du sens. Il faut un lecteur philosophique lié par une affinité élective à l'écrivain, par une amitié qui est l'expression d'une "soif supérieure commune[9]". Il ne s'agit pas pour autant d'en finir avec le poème, de le vider de sa qualité esthétique en le rapportant à son commentaire philosophique comme à sa vérité, de lui faire rendre raison. Sa deuxième fonction est de permettre à la philosophie d'être un savoir qui nous sauve du savoir, comme "l'art nous a été donné pour ne pas mourir de la vérité[10]." Car si la forme supérieure du savoir est connaissance de l'activité par elle-même, dévoilement du fondement réactif des sciences prétendument universelles et désintéressées, il est aussi, par là-même, savoir de la nécessité de l'illusion, de l'inconscience. La poésie est l'élément du savoir qui limite le savoir et nous replace dans la sagesse de l'apparence. Elle exprime la pensée plurielle, elle sollicite une lecture plurielle en écho à la pluralité de l'être humain. En elle se manifestent l'instinct de connaissance et le besoin d'illusion , le dévoilement de la réalité et le règne de la méconnaissance, la rumination bovine et le rire enfantin. Il faut donc aussi un lecteur artiste. Si le poème vient de la philosophie et y retourne, on peut tout aussi bien dire que la philosophie nous ramène au poème, l'un et l'autre émanent de la même

8 *La Généalogie de la morale*, av. pr. 8.
9 *Le Gai Savoir* I, 14.
10 *La Volonté de puissance* I, 453.

évaluation généalogique, expression d'un mode d'existence actif et plastique. Philosophie et poésie se meuvent dans le cercle de la pensée en révélant l'incessante métamorphose du devenir-actif du philosophe artiste, affirmation et expression de l'éternel retour et du hasard.

Chez Nietzsche la philosophie (le sens) et la poésie (le style) se rejoignent dans un accord harmonieux. La parution du Dictionnaire du Nietzschéisme aujourd'hui, *Nietzsche-Lexicon* est un publication extraordinaire qui met à jour nos connaissances sur les notions clefs de Nietzsche. Surtout qu'il faut connaître *les philosophes et leur langage*[11].

On sait combien le grand public et l'étudiant à ses débuts se trouvent décontenancés et, le plus souvent, rebutés par le « jargon » philosophique. Les philosophes répondent que, pour être précis et vrais, ils ont à échapper aux pièges de l'imagination - sens commun ou « littérature » : la science, langue bien faite, ne montre-t-elle pas que seul un vocabulaire technique sauve du verbalisme ? On peut pourtant se demander si cette référence à la science ne fait pas tomber dans le piège qu'on prétend éviter : à tout le moins un lexique d'initiés offre-t-il en philosophie une recette d'imagination méthodique.

Traitant d'un même problème, les ouvrages de philosophie s'expriment tantôt clairement et tantôt si techniquement qu'on les croirait traduits d'une langue étrangère. Quel objet, quels raisonnements peuvent s'accorder à ce double langage ? Le philosophe ne serait-il donc qu'un poète masqué ? Manqué ?

Chez Nietzsche, les concepts peuvent évoluer d'une œuvre à l'autre. Connaître seulement le sens ne suffit pas. Comment l'auteur le dit-il ? Nietzsche est un philosophe dont la pensée parle aux cinq sens. Sa pensée, par exemple parle à la bouche. Ces livres doivent être mangés et ensuite digérés. Il nous invite même à être des ruminants de sa pensée. Nous pouvons nous rendre compte

11 BELAVAL (Yvon).- *Les philosophes et leur langage* (Gallimard, Ohio University Presse 1967).

du goût de certains de ces ouvrages. En plus, pour comprendre Nietzsche il faut avoir de bons yeux. Tous les mots ont leur importance dans la langue allemande. Et puis le cadre décrit dans ces ouvrages sont importants. Il faut chaque fois fermer les yeux, pour se représenter la scène décrite, sinon, on passe à côté de l'essentiel.

Quand il s'agit d'une pièce de théâtre ou d'une tragédie, les personnages sont très importants, ainsi que le chœur. Il faut également avoir de bonnes oreilles. Nietzsche est un musicien. Il parle, mais parfois aussi il chante et il rit. Il nous faut percevoir les différents accords de sa musique. Il faut aussi avoir du nez pour sentir Nietzsche. Parfois c'est la terre qu'il faut sentir, parfois c'est la mer. Parfois, le vent froid des montagnes vient à vous et vous pétrifie. Notre être, alors, a un rapport avec le temps qu'il fait. Le dernier sens c'est le toucher. Nietzsche est un peintre. Il crée. Il joue. Il devient un enfant. L'enfant se tait parfois et ses mains se saisissent des choses. Il préfère donner une forme aux choses. Nietzsche se fait sculpteur. Il crée ses moules, les façonne et tout cela prend forme. Le bronze n'a aucun secret pour lui. Il est le philosophe à coups de marteau.

Commenter un texte c'est le faire passer par les cinq sens et voici notre texte qui grandit, qui enfle, qui grossit. Mais que vaut un texte commenté s'il ne parle pas à l'actualité du moment. L'actualisation du texte est très important. Le lire avec le journal, le laisser interpréter avec les faits journaliers. Se laisser interpeller par Nietzsche aujourd'hui. Face à une situation concrète, qu'aurait-il dit. La philosophie est toujours d'actualité. Ce sont les mêmes problèmes qui sont posés à l'homme depuis l'Antiquité, mais dans des contextes nouveaux. Il nous faut donner la réponse de notre temps sans quoi la philosophie devient un musée.

Chapitre premier

"Au sujet des trois métamorphoses"

Dans le discours « au sujet des trois métamorphoses », il s'agit pour Nietzsche (de décrire) les trois étapes du processus du développement mental. Contrairement au Prologue et à la plupart des chapitres suivants, ce discours commence avec le taux central d'aphorismes et aucun élément épique n'est appelé comme lieu - et indications de temps ou circonstances de voyage. Ce n'est que dans le postscriptum que Nietzsche évoque ces indications:

« Ainsi parlait Zarathustra. Et en ce temps-là il séjournait dans la ville qu'on appelle: la Vache multicolore ».[1] « La Vache multicolore » traduit ***(die bunte Kuh)***, une expression que Maurice de Gandillac (Gallimard) rend par « la vache pie ». C'est la petite ville de province (***Kuhdorf***) qui désigne un (bled), un (trou), bornée, conformiste, mais sans véritable cohésion sociale, le contraire de la cité grecque. Mais A. Schaeffner rappelle les origines orientales d'une telle dénomination en citant Gérard de Nerval qui parle d'une ville appelée **Batn-el-Bakarah**, le ventre de la vache[2].

1 4,31,17.

2 *Voyage en Orient,* Les Femmes du Caire, V, 6 [*Lettres à Peter Gast*].

Aussi bien que dans le discours précédent où Zarathustra avait établi les successions plante, ver, singe, homme et surhomme,[3] la généalogie du surhomme est déjà aussi établie, les trois matérialisations progressives ont lieu :

« Je veux vous dire trois métamorphoses de l'esprit: comment l'esprit devient chameau, comment le chameau devient lion, et comment enfin le lion devient enfant. »[4]

Cette première phrase prend déjà la fin du discours construit de façon circulaire et cite sa conclusion :

« Je vous ai nommé trois métamorphoses de l'esprit: comment l'esprit devient chameau, comment l'esprit devient lion, et comment enfin le lion devient enfant. »[5]

L'organisation claire et l'explication clarifiant celle-ci de manière contraignante qui insère Nietzsche entre la formulation initiale et finale du motif de base, contribuent à une compréhension selon seulement la proposition principale mais aussi du discours entier. Eugen Fink doit préciser, en ces mots, ce discours, comme « la **métamorphose** de l'homme par la mort de Dieu, c'est-à-dire la transformation de son aliénation en sa liberté créatrice, qui se sait autonome. »[6] Conformément à Fink, cette manière d'homme réactif à l'homme actif, de l'acquisition des valeurs transcendantes aux valeurs libres, immanentes, de l'esprit de pesanteur, à l'esprit de facilité créatrice, répondent négativement, à cause de l'affirmation à la vie destinée à l'étrangeté.

3 4,14,19.
4 4, 29,3.
5 4,31,13.
6 Fink, Eugen: *Nietzsches Philosophie*, S. 70.

Chapitre deuxième

Comment l'esprit devient chameau ?

« Il est maint fardeau pesant pour l'esprit, pour l'esprit patient et vigoureux en qui domine le respect: sa vigueur réclame le fardeau pesant, le plus pesant. Qu'y a-t-il de pesant ? Ainsi interroge l'esprit robuste; et il s'agenouille comme le chameau et veut un bon chargement. »[1]

L'esprit est vu ici comme la contradiction polaire au sujet; l'esprit doit expliquer le sujet, pour trouver sa conscience de soi. « Le mouvement de l'aspiration au-delà de lui se réfère au retour sur lui-même, et chaque exécution réussissant de telle façon, fermée en cercle sur soi, représente un progrès, un développement plus haut, ou un auto-franchissement de l'esprit. »[2] Pour cette raison l'esprit dont l'élément doit aussi bien être la hauteur comme l'aigle, introduire le plus lourd à cet antipode pour pouvoir mesurer sa puissance.

Le chameau, s'agenouillant, voudrait pouvoir être chargé, indique l'attitude de respect par rapport à l'autorité de la norme d'âge respectable - et la notion de valeurs du code moral livré avec, qui ont marqué la philosophie occidentale et le christianisme. Le

....

1 4,30,6.

2 Pieper, ebd. S.111.

chameau, c'est l'existence selon le mode d'être de la grandeur, c'est l'homme de la grande vénération, qui s'incline devant l'hégémonie de Dieu, devant la prééminence de la loi morale, c'est l'homme qui se prosterne et porte docilement son gros fardeau.

L'esprit du chameau voit son pouvoir dans le fait d'être chargé de façon incontestable et dans les légendes étendues de la tradition et dans l'obéissance - cela le rend heureux.

« Qu'y a-t-il de plus pesant ? Ainsi interroge l'esprit robuste. Dites-le, ô héros, afin que je le charge sur moi et que ma force se réjouisse. »[3] L'esprit sous le fardeau de la transcendance, l'esprit de l'idéalisme ressemble au chameau. Cet esprit ne veut pas avoir la vie facile ; il méprise l'état sans pesanteur de la mesquine vie quotidienne ; il veut assumer des tâches dans lesquelles il fasse ses preuves ; il veut se conformer à des commandements lourds et sévères qui ne sont pas faciles à exécuter et qui pèsent lourdement ; il veut un devoir et en plus il veut obéir à Dieu et se soumettre au sens de la vie qui lui est imposé. L'esprit respectueux trouve la grandeur qui lui est propre dans l'obéissance et la soumission. Enchaîné à un monde de valeurs fixes, il se soumet docilement au commandement du « Tu dois ».

L'esprit a compris certes correctement qu'il peut expérimenter son pouvoir sur son antipode, cependant il n'est pas lui-même clairement qu'il s'affaiblit lui-même par cet effort, puisqu'il se subordonne à des autorités étrangères et a entraîné la naturelle « Volonté de puissance » qui existe, conformément à Nietzsche, dans chaque organisme vivant, opprimé.

« Qu'y a-t-il de pesant ?... s'humilier pour faire souffrir son orgueil ? Faire luire sa folie pour tourner en dérision sa sagesse ? »[4]

Ce qui est de nature valable en l'homme et ce qu'il désire, il doit retenir, viser mieux encore l'opposé précis: au lieu d'une fierté, l'humiliation, au lieu de la sagesse, la bêtise, ne pas être fier lors des victoires, au lieu de la présomption, la dégradation. L'auto-

3 4,29,11.
4 4,29,13.

oppression de l'esprit exigée de l'homme au stade de chameau est, aux yeux de Nietzsche, une perversion, et est en vigueur dans la *Généalogie de la Morale* comme le moyen de pouvoir typique du prêtre ascétique.

« Car une vie ascétique est une auto-contradiction : un ressentiment sans pareil domine, celui d'un instinct qui n'est pas satisfait, d'un désir de puissance qui voudrait se rendre maître, non de quelque chose dans la vie, mais de la vie même, de ses conditions les plus profondes, les plus fortes, les plus souterraines; il s'agit d'une tentative d'user de la force à tarir la source de la force; on voit le regard haineux et mauvais se tourner même contre la prospérité physiologique, en particulier contre l'expression de cette prospérité, la beauté, la joie, tandis que les choses manquées, rabougries, la souffrance, le malheur, la laideur, le dommage volontaire, la mutilation, les mortifications, le sacrifice de soi sont ressentis et recherchés à l'égal d'une jouissance.[5] »

La base pour cette auto-dépression de l'esprit résulte de l'enseignement moral du christianisme qui a rendu responsables des qualités humaines comme l'orgueil, comme voulues par Dieu et aussi à cause de la chute originelle, ces normes prescrivent les auto-mortifications et les caractères de docilité. Ce genre d'ascèse chrétienne le rend impossible de perfectionner l'esprit, plutôt c'en est encore un recul[6].

« Qu'y a-t-il de pesant... ? Déserter une cause, au moment où elle célèbre sa victoire ? Monter sur de hautes montagnes pour tenter le tentateur ?[7] »

Cette attitude d'esprit nous est tenue déjà contraignante dans la Bible, sous nos yeux, à savoir et a été débattue par Jésus, à trois reprises, avec le Diable, qui lui demandait de l'adorer et de s'agenouiller devant lui et en échange, le pouvoir mondial lui aurait été offert[8]. D'abord dans le désert, ensuite dans la ville.

5 5, 363,7.

6 Comparer la-dessus Nehamas, Alexander: *Nietzsche, Life as Literature,* Chapitres 4 et 6.

7 4,29,17.

8 Matth. 4,1-11.

Mais Jésus retourne la tentative du Diable et demande à celui-ci de se soumettre à Dieu son Père.

« Qu'y a-t-il de pesant... ?... se nourrir des glands et de l'herbe de la connaissance, et de souffrir la faim dans son âme, pour l'amour de la vérité ?[9] »

Ici il s'agit du renoncement de l'esprit qui souffre la faim, avec des glands et de l'herbe, et donc de vérités simples, mais qui y est encore satisfait.

« Qu'y a-t-il de pesant... ?... être malade et renvoyer les consolateurs, se lier d'amitié avec des sourds qui n'entendent jamais ce que tu veux ?[10] »

L'âme malade, l'homme pécheur, doit envoyer les personnes chez elles, vouloir les aider vraiment et cela pourrait peut-être aussi le convaincre que sa maladie, son péché, est seulement imaginé; en même temps il doit toutefois implorer les oreilles d'un Dieu sourd, pour sa santé, sachant qu'il ne sera pas exaucé.

« Qu'y a-t-il de pesant... ?...descendre dans l'eau sale si c'est l'eau de la vérité, et ne point repousser les froides grenouilles et les brûlants crapauds[11] ».

Doit-on arriver à la vérité, descendre dans l'eau sale ? « La vérité » avec la pureté est apportée probablement à peine là normalement plutôt en relation et pas comme ici, avec une réserve de grenouilles et de crapauds. Nous, dans l'étape du chameau, ne nous trouvons pas là, toutefois nous agissons avec la vérité de Zarathustra, image de la vérité actuelle, mais séparer plutôt de la vérité, l'homme ascétique et la morale traditionnelle, qui voient la vérité comme quelque chose de statique et d'absolue - aussi statiquement que la mare, contrairement à l'eau courante.

« Qu'y a-t-il de pesant... ?...aimer qui nous méprise et tendre la main au fantôme lorsqu'il veut nous effrayer ? »[12]

....

9 4,29,19.
10 4,29,21.
11 4,29,24.
12 4,30,1.

Zarathustra nous confronte ici encore avec la présentation de la morale chrétienne, comme ici avec l'amour du prochain, l'amour de ceux qu'il dédaigne. Cet amour de l'ennemi, élément de l'étape du chameau, est contredit par la « Volonté de puissance » et est ainsi, à nouveau, un élément de l'auto-oppression. La même chose vaut aussi pour le fantôme qui occupe, du fait que les hommes veulent qu'on le craigne, par rapport à lui, une position hostile. De manière amicale, la politesse doit lui être rendue.

Pour Zarathustra, sont des fantômes, aussi bien des normes de la morale traditionnelle, des produits de l'esprit, qui ne possèdent pas de matière pour ainsi dire, l'esprit réduit à la chose. Pour sentir de la main, l'homme exprime sa disposition à se subordonner à la volonté étrangère qui y adhère.

« L'esprit robuste charge sur lui tous ces fardeaux pesants: tel le chameau qui sitôt chargé se hâte vers le désert, ainsi lui se hâte vers son désert.[13] »

Pour Annemarie Pieper, le désert dans lequel l'esprit devenu chameau se dépêche, est, son antipode, c'est-à-dire, une image de la matière: « Toutes les normes et toutes les valeurs dont l'esprit s'est fait charger, il doit maintenant recevoir dans la matière; il doit rendre le désert fructueux, tandis qu'il observe en agissant sur les commandements qui lui sont servis.[14] »

L'opinion de Pieper, selon laquelle Nietzsche s'est choisi l'image du désert, pour l'utiliser comme symbole du sujet, nous semble indécise à cet égard. Il nous semble beaucoup plus plausible que Nietzsche ait cherché un habitat naturel pour que deux animaux du désert, passent leur temps. Symboliquement le désert comporte deux sens : c'est l'indifférenciation principielle, ou c'est l'étendue superficielle, stérile, sous laquelle doit être cherchée la réalité. Chez Nietzsche, le désert est considéré aussi comme un désert, comme l'habitat naturel absolu pour un ermite comme Zarathustra dont la métamorphose de l'esprit a aussi fait

....

13 4,30,3.

14 Pieper, ebd. S. 118.

l'expérience de ce lieu d'isolement. Le désert est le cœur, le lieu de la vie érémitique intériorisée.

Pour Robert Gooding-Williams, le désert pour l'expérience humaine qui est représenté par le chameau, s'oppose à tout le vivant, à une stérile et totale existence, comme devient le désert. « Zarathustra peut décrire la vie du chameau comme un désert, parce que le chameau refuse et réprime tout l'essentiel de l'existence humaine en quelque chose de stérile et de mortifère.[15] » Le chameau est communément pris comme symbole de sobriété et...de caractère difficile. Il est l'attribut de la tempérance. Il est avant tout la monture qui aide à traverser le désert ; grâce à laquelle on peut atteindre le centre caché, l'Essence divine. Compagnon du désert, il est le véhicule qui conduit d'oasis en oasis. Le chameau est aussi symbole de prétention.

Zarathustra commence en donnant un certain contenu métaphorique à la notion projetée par l'enseignement des trois métamorphoses de l'esprit - chameau-lion-enfant. Métamorphose-changer en d'autres espèces - est très proche de l'idée de la métaphore comme transfert de sens.

Pour nous résumer disons que du chameau, Nietzsche en parle de temps en temps pour illustrer quelque chose.[16] L'utilisation péjorative du mot est toutefois fréquente, dans les choses darwinesques de Hellwald[17] et Haeckel[18] – une vue de côté

15 Gooding-Williams, Robert: *Zarathustra's Three Metamorphoses* in Koelb, Clayton (Hrsg.) *Nietzsche as Postmodernist,* S. 234.

16 WL 1, KSA 1: 883; Ws, Vorrede, NF 1881, 12 [138].

17 Heller von Hellwald fut le fils d'un militaire autrichien nommé Friedrich Jakob Heller. A seize ans, il entra comme cadet dans l'armée. Malgré une perspective de carrière, il a reconnu déjà en 1864, pour pouvoir se consacrer tout à fait à ses études.Après qu'il eut participé à la guerre de 1866, il reçut une proposition comme rédacteur d'un journal militaire autrichien. Ici, il fut un successeur tardif de son père. En 1872, Heller fut appelé comme rédacteur en chef à Stuttgart à la rédaction du Magazine semainier de la région. Comme véhément défenseur de la théorie de l'évolution de Charles Darwin, il se fit bientôt athée incroyant et dut être démit en 1882 de l'administration de sa fonction de rédacteur en chef. Plus tard à 50 ans, il mourut le 1er Novembre 1892 à Cannstatt près de Stuttgart

18 Ernst Haeckel fut un biologiste allemande, né à Potsdam, mort à Iéna (1834-1919). Partisan fervent du transformisme, il s'est attaché à trouver

tombe aussi sur la botte et met sur ce point l'analogie à la notion - étroitement les formations du philistin – qui sont des éducations de chameau, « sur ses bosses sont assis beaucoup de bons aperçus et de bonnes connaissances, sans pour empêcher un chameau tout entier qui ne soit pas son égal.[19] » Célèbre est l'utilisation de la métaphore du chameau dans *les trois métamorphoses de l'esprit* dans le Za 1. Dans la version nietzschéenne, l'arrivée de l'esprit sur lui-même (**Zu-sich-selbst Kommens**) symbolise tout de suite le chameau porteur, la première étape du caractère de l'esprit, dans lequel l'homme est déterminé par ce qui lui est imposé de l'extérieur, comme un animal de fret, qui peut aller dans le désert. Celui-ci symbolise le fait de donner un coup de pied au dehors de la disposition quotidienne dans le monde humain, le séjour en lui est une stipulation pour la version de l'esprit. Cela s'avère aussi dans GM[20], où Nietzsche utilise et constate l'image de la vie au désert pour ce processus qu'il y aurait là aussi assez de chameaux, avec lesquels il caricature ceux qui n'arrivent pas à cette étape. Enfin la relation des deux animaux du désert, l'âne et le chameau doit être considérée dans la *célébration de l'âne* (Za IV) : le I-A de l'âne rappelle le oui mécanique (de l'éternel Retour) des animaux de Zarathustra, dans le Za III, comme le chant d'orgue de barbarie qui a été exécuté.[21]

dans la mer des échantillons de la substance vivante primitive (monère). Ses theories, dépourvues de base scientifiques, sont abandonnées.

19 NF 1881, 11 [299].

20 III 8 (KSA 5 : 353).

21 Comparer avec le Convalescent 2; Cf. DELEUZE G.- *Nietzsche und die Philosophie*, Hamburg 2002.

Chapitre troisième

Comment l'esprit devient lion ?

L'esprit se trouvant dans l'étape de chameau ne veut plus se plier à une autorité étrangère, il a reconnu les normes de la morale traditionnelle comme volonté étrangère et lui refuse l'obéissance. Le chameau qui, dès qu'il est chargé, se hâte vers le désert, accomplit là sa métamorphose, il y devient lion.

« Mais au fond du désert le plus solitaire s'accomplit la seconde transformation: ici l'esprit devient lion, il veut conquérir la liberté et être maître de son propre désert[1]. L'idéalisme sombre par lui-même ; l'autosuppression (**Selbstaufhebung**) de la morale se produit par véracité ; l'idéalisme se renverse en vertu de « motivations idéales ». L'esprit endurant et respectueux se transforme en « lion », c'est-à-dire il rejette les fardeaux qui l'opprimaient du « dehors » ; il lutte contre son « dernier dieu », contre la morale objective, prenant conscience de son aliénation antérieure. Pour atteindre son autonomie, l'esprit doit détruire le vieux principe qui l'a suivi jusqu'ici. Ce principe comporte le dragon.

« Il cherche ici son dernier maître: il veut être l'ennemi de ce maître, comme il est l'ennemi de son dernier dieu; il veut lutter pour la victoire avec le grand dragon. Quel est le grand dragon

1 4,30,6.

que l'esprit ne veut plus appeler ni dieu ni maître ? « Tu dois », s'appelle le grand dragon ». Mais l'esprit du lion dit: « Je veux ». « Tu dois » le guette au bord du chemin étincelant d'or sous sa carapace aux mille écailles, et sur chaque écaille brille en lettres dorées: « Tu dois! ». Des valeurs de mille années brillent sur ces écailles, et ainsi parle le plus puissant de tous les dragons: « Tout ce qui est valeur - brille sur moi. » Tout ce qui est valeur a déjà été créé, et c'est moi qui représente toutes les valeurs créées. En vérité il ne doit plus y avoir de « Je veux »! Ainsi parle le dragon.[2] »

La contradiction représentée ici entre le « Tu dois » et le « Je veux » ne peut pas être plus différente. Le dragon ne se comporte pas seulement précieusement et de façon durable comme l'or, le vieux système de valeur que chaque autre volonté nie de droit, pas seulement quelque chose d'autre, mais aussi effectivement encore de vouloir. Ce « Tu dois » moraliste comprend l'exigence de la capitulation de l'esprit: Tu ne dois pas avoir de volonté propre, mais te soumettre à une grande autorité et prendre l'attitude d'humilité du chameau.

« Mes frères, pourquoi est-il besoin du lion de l'esprit ? La bête robuste qui s'abstient et qui est respectueuse ne suffit-elle pas ?[3] »

Nietzsche écrit ce qui suit au sujet du « Tu dois » dans *Par delà le Bien et le Mal*:

« Si, depuis qu'il y a des hommes, il y a toujours eu des troupeaux d'hommes (familles, communautés, tribus, peuples, Etats, Eglises) et toujours un grand nombre d'hommes obéissant à une minorité de maîtres, - si par conséquent, ce à quoi on a jusqu'ici formé les hommes, ce qu'ils ont le mieux et le plus longtemps pratiqué, c'est l'obéissance, on peut présumer, à juste titre, que chacun, d'une manière générale, éprouve maintenant le besoin inné d'obéir, comme une sorte de conscience formelle, qui ordonne: « Tu dois absolument faire telle chose, t'abstenir absolument de telle autre », bref « Tu dois ». Ce besoin cherche à

2 4,30,23.
3 4,30,23.

se repaître et à remplir sa forme d'un contenu; dans son appétit grossier, il se sert sans faire le difficile, au gré de sa violence et de son impatience, et il accepte ce qui lui corne à l'oreille, n'importe quelle autorité - parents, maîtres, lois, préjugés de classe, opinion publique.[4] » (Même si ce n'est peut-être pas la méthode la plus légitime, dans un autre travail Nietzsche va trouver une partie de texte instructive, alors que c'est une procédure habituelle, en outre, Nietzsche a considéré dans *Par-delà le Bien et le Mal* une explication supplémentaire du *Zarathustra.*)

Cette partie du texte explique clairement que le dragon tient effectivement la valeur du vieux système pour l'instance morale.

Erich Heller représente tout à fait particulièrement l'opinion que le conflit entre le lion et le dragon montre des parallèles importants avec *L'Anneau du Nibelung* de Wagner, le rôle de Siegfried en guerre avec Fafner.[5](Fafner, dans la mythologie scandinave est le dragon qui garde le trésor des Nibelungen, et qui est tué par Siegfried).

Heller n'est pas le seul à soutenir cette thèse cependant; Joachim Köhler qui ne semble chercher, contre toute apparence dans son analyse du texte du *Zarathustra*, que des indices pour montrer l'homosexualité de Nietzsche, pousse plutôt dans cette direction et tombe sur des découvertes bizarres et qualifie le dragon Fafner[6]. Le dragon nous apparaît essentiellement comme un gardien sévère ou comme un symbole du mal et des tendances démoniaques. Il est en effet le gardien des trésors cachés et comme tel l'adversaire qui doit être vaincu pour y avoir accès. La légende de Siegfried confirme que le trésor gardé par le dragon n'est autre que l'immortalité. Le dragon comme symbole démoniaque s'identifie en réalité au serpent.Pieper voit dans le dragon, un serpent surdimensionné. « Ce serpent tient pour l'esprit, l'antipode du sujet, et l'a remplacé et essaye de reproduire la perte

4 5, 119,5 ff.
5 Heller, Erich: *The Disinherited Mind*, S. 316.
6 Köhler, Joachim: *Zarathustras Geheimnis*, S. 434.

du sujet par une abondance de sens feinte.[7] » Contrairement au serpent qui est le symbole de l'auto-renouvellement constant de l'esprit et du sujet, le dragon, cet animal de fable, ne peut qu'être enveloppé par des segments dorés sur sa peau et illustre ainsi son immuabilité.

Nous pensons, quant à nous, à *l'Apocalypse* de St Jean, en son chapitre 12. L'auteur nous décrit « un énorme dragon rouge-feu, à sept têtes et dix cornes, chaque tête surmontée d'un diadème. Sa queue balaie le tiers des étoiles du ciel et les précipite sur la terre. » La mention du dragon, à ce stade du texte, prépare et annonce la troisième métamorphose. Car, « En arrêt devant la Femme en travail, le Dragon s'apprête à dévorer son enfant aussitôt né. Or la Femme mit au monde un enfant mâle ». Cet enfant, pour Nietzsche, sera Zarathustra, « celui qui doit mener toutes les nations avec un sceptre de fer. » Ce dragon sera tué, plus loin par l'Archange Michel et ses anges.

Se comportant comme un prédicateur dans une prêche, l'auteur évite des mots comme meurtre, mentionne avec beaucoup de piété comment le lion a aimé une fois le dragon comme son saint le plus grand et à présent est forcé de voler, librement, à son amour; ce n'est que plus tard que Zarathustra dans une langue claire, parlera de la connaissance du serpent et de sa mort d'un coup de dent[8].

L'esprit qui s'est fait à l'archétype des valeurs, est instruit sur le sujet en œuvre. Sans une obéissance, ses commandements restent une demande allant dans le vide, car il ne peut pas créer lui-même des valeurs: « Créer des valeurs nouvelles - le lion même ne le peut pas encore, mais se rendre libre pour la création nouvelle - c'est ce que peut la puissance du lion.[9] »

L'esprit à l'étape du lion, nie tout ce que l'exigence de validité a élevé jusqu'ici; c'est un saint non qui vise son bien-être et

7 Pieper, ebd., S. 120.
8 4,202,14.
9 4,30,25.

correspond à un refus du vieux code moral. « L'esprit se comporte en arrière, tourné vers le passé, destructeur, après en avant, arrangé vers l'avenir, de façon constructeur.[10] »

Il permet l'auto-détermination autonome, mais il ne réalise pas; sa volonté d'auto-détermination prépare le terrain pour la liberté. Le dragon, toutefois, est assis dans le secteur du désert, ce que le lion exige de lui, et ainsi, il doit lui arracher ce secteur.

« Conquérir le droit de créer des valeurs nouvelles - c'est la plus terrible conquête pour un esprit patient et respectueux. En vérité, c'est là un acte féroce, pour lui, et le fait d'une bête de proie. Il aimait jadis le « Tu dois » comme son bien le plus sacré: maintenant, il lui faut trouver délire arbitraire, même dans ce bien le plus sacré, pour qu'il fasse, aux dépens de son amour, la conquête de la liberté: il faut un lion, pour un pareil rapt.[11] »

L'esprit du chameau a été encore empêché de respecter, de mettre en doute la morale chrétienne; toutefois l'esprit de lion découvre aussi encore « une illusion et un arbitraire dans le plus saint. »

Pour nous résumer, le lion est le puissant souverain, le symbole solaire et lumineux à l'extrême, il est le roi des animaux et est chargé des qualités et des défauts inhérents à son rang. S'il est l'incarnation même du pouvoir, de la sagesse, de la justice, en revanche, l'excès de son orgueil et de son assurance en font le symbole du père, du maître, du souverain, ébloui par sa propre puissance, aveuglé par sa propre lumière, et qui devient tyran, en se croyant protecteur. Il peut donc être admirable autant qu'insupportable : entre ces deux pôles oscillent ses nombreuses acceptions symboliques.

Le lion prend chez Zarathustra différentes formes : au commencement du *Za*, dans *le discours sur les trois métamorphoses*, il symbolise la liberté du fauve créateur ; à la fin de la quatrième et de la troisième partie, c'est l'animal d'honneur de Zarathustra

10 Pieper, ebd, S. 121.
11 4,30,30.

qui rit humainement et est accompagné d'un essaim de pigeons, (*le signe*), ainsi qu'il est aussi la bête féroce blonde de mauvaise réputation dans les applications historiques de la *Généalogie de la Morale* I, 11 et dans *Crépuscule des Idoles* (ceux qui veulent rendre l'humanité meilleure…2). Puisque cette « bête féroce blonde » est seulement une variation du fauve de la deuxième métamorphose, on s'interdit déjà par conséquent de la comprendre comme un idéal de Nietzsche. La volonté de rapace du lion n'est qu'une étape intermédiaire sur le chemin qui mène du chameau à l'enfant. Car « le pouvoir du lion permet les nouvelles valeurs[12] ». Le chameau équivaut pour la morale au « tu dois », alors que le lion représente le courageux « je veux » de l'autodétermination : « Ayant faim, violent, solitairement, de manière impie. Ainsi veut la volonté du lion.[13] » L'auto-vouloir lui-même de la volonté atteint seulement sa solution, sa dernière augmentation dans la création ludique de l'enfant, dans laquelle la volonté elle-même est surmontée et/ou transformée : Zarathustra trouvant à ses pieds le lion riant avec la nuée de pigeons, c'est-à-dire, unit le pouvoir avec une douceur[14]et un « symbole de sa maturité et de tendresse[15] », est le signe de ce que l'enfant a aussi submergé le fauve en lui en Zarathustra et que plus d'enfants sont proches.

12 Za I, Au sujet des trois métamorphoses.
13 Za II de la voie de la célébrité.
14 NF 1883, 21 [2].
15 Ebd., 16[51].

Chapitre quatrième

Comment l'esprit devient enfant ?

« Mais dites-moi, mes frères, que peut faire l'enfant que le lion ne pouvait faire ? Pourquoi faut-il que le lion ravisseur devienne enfant ? L'enfant est innocence et oubli, un renouveau, et un jeu, une roue qui roule d'elle-même, un « nouveau-commencer », une sainte affirmation. Oui, pour le jeu de la création, ô mes frères, il faut une sainte affirmation: l'esprit veut maintenant sa propre volonté, celui qui est perdu au monde veut gagner son propre monde.[1] »

Cette troisième étape de métamorphose de l'esprit représente seulement une synthèse des deux premières étapes de l'esprit; elle est plutôt un nouveau départ qui est seulement possible après l'écoulement des deux premières étapes. L'enfance est naturellement une métaphore romantique presque inévitable pour l'innocence et la spontanéité regagnées, mais d'autres parties du complexe métaphorique sont plus originales. « Comme le phénix qui renaît de ses cendres et laisse la cendre derrière lui, l'esprit qui est devenu enfant, laisse son passé derrière lui; il n'a pas été détruit par le « je ne veux pas » du lion, de sorte que l'enfant peut commencer sans condition.[2] »

1 4,31,4.
2 Pieper, ebd, S. 125.

L'esprit à l'étape de l'enfant est « une roue roulant sur elle-même »; une image pour un mouvement circulaire, qui résulte de lui-même et retourne en soi. Dans cette « sainte affirmation » l'esprit s'affirme de façon autonome lui-même et peut créer en une pleine liberté son monde en vigueur. « L'innocence » et « l'oubli », surtout toutefois en jeu, mettent le lecteur dans la métaphore de la roue, tout à fait, au début du discours de Zarathustra, très proche du projet du surhomme sans lequel, la sainte affirmation - l'affirmation du cercle, est inconcevable.

Que l'image de l'enfant ne commence pas la dernière transformation, puisque c'est aussi le début de nouvelles vies, apparaît aussi dans le passage suivant:

« Pour que le créateur soit lui-même l'enfant nouveau-né, il faut qu'il ait la volonté d'être celle qui enfante, avec les douleurs de l'enfantement[3] ».

L'origine et la fin du mythe de la métamorphose négligent l'un dans l'autre car la fin est aussi en même temps la renaissance. « La description métaphorique de l'étape de l'enfant porte une ambivalence linguistique en soi[4] », laquelle fait penser à la série progressive de la métamorphose aussi circulaire et que Nietzsche qui, pour le première transformation retient l'esprit du chameau, soutient cette hypothèse d'autant plus. Zarathustra nomme trois étapes de transformation, mais parle toutefois seulement de deux transformations. De cette manière, une lacune significative s'est produite, car Nietzsche ne montre pas: « Comment l'esprit devient chameau ». La version cyclique est soutenue en cela par le verbe substantivé « nouveau commencer « (***Neubeginnen***) au lieu du substantif habituel « nouveau départ »(***Neubeginn***). Dans les termes des trois métamorphoses de l'esprit, la partie I consiste en un lourd fardeau d'un bagage métaphorique que le chameau doit porter pour préparer aux grandes choses.

3 4,111,4. Comparer aussi avec le texte de l'*Apocalypse*.
4 Gasser, Peter: *Rhetorische Philosophie*, S. 64.

En conclusion, l'enfant est symbole d'innocence : c'est l'état antérieur à la faute, donc l'état édénique, symbolisé en diverses traditions par le retour à l'état embryonnaire, dont l'enfance demeure proche. Enfance est symbole de simplicité naturelle, de spontanéité. L'enfant est spontané, paisible, concentré, sans intention, ni arrière-pensée. Il est signe d'innocence et de pureté. L'image de l'enfant peut indiquer une victoire sur la complexité et l'anxiété et la conquête de la paix intérieure et de la confiance en soi.

Chez Nietzsche, l'enfant apparaît dans des textes d'importance différente, par exemple en vue de l'expérience puérile, comme celle du paradis que nous avons perdu irrémédiablement. L'enfant qui « joue entre les frontières de sécurité du passé et de l'avenir dans la cécité au-delà du bonheur[5]. L'enfant vit tout à fait dans le présent. Son horizon temporel limité est un moment constitutif de son bonheur naïf. Nietzsche exclut un retour romantique de cette enfance. Zarathustra représente la grande source au thème. Au commencement le vieillard confirme tout de suite Zarathustra : « Zarathustra s'est métamorphosé, Zarathustra est devenu enfant, Zarathustra est un adulte[6]. » L'enfant n'est pas ici justement naïf, mais un voyant. Les trois métamorphoses précisent comment on arrive à cette forme d'esprit et ce qu'elle signifie. L'homme grandit d'abord dans une tradition de valeurs et d'aspects, dans lesquels les « tu dois » lui sont prescrits[7]. Il se délivre, en développant la forme d'esprit du lion : le lion dit « je veux »[8], il dénie le droit aux vieilles valeurs. En plus il faut la force destructive d'un lion qui vole la liberté aux nouvelles valeurs. Le lion doit toutefois devenir enfant. « L'enfant est innocence et oubli, un nouveau commencer, un jeu, une roue qui tourne sur elle-même, un premier départ, un oui sacré. Oui, au jeu de la création, mes frères, il faut un oui sacré : seulement l'esprit veut

5 HL 1, KSA I: 249.
6 Za I, Prologue de Zarathustra 2.
7 Za I, au sujet des trois metamorphoses.
8 Ebd.

de sa volonté gagner son monde[9]. »L'enfant peut créer quelque chose de nouveau, ce qui peut être fait en lui-même, une nouvelle vision peut apporter un monde nouveau, parce qu'il a traversé par le démenti jusqu'ici valable. Zarathustra ne cherche pas lui-même d'élèves qui prennent son combat comme un acte théorique en considération, mais espère des enfants. Les enfants seraient une métaphore pour un avenir, dans lequel le constat de Zarathustra de ses enfants continue à vivre encore au propre pour devoir aller dans les voies toutefois elles-mêmes.

Au jeu de la création, l'enfant a besoin d'un oui sacré. C'est sa volonté que l'esprit veut à présent, c'est son propre monde que veut gagner celui qui est perdu au monde. Nietzsche invoque dans la métaphore du jeu la nature originelle et véritable de la liberté en tant que création de nouvelles valeurs et de mondes des valeurs. Le jeu est la nature de la liberté positive. Par la mort de Dieu, le caractère de jeu et de risque inhérent à l'existence humaine devient manifeste. L'esprit créateur de l'homme réside dans le jeu. La métamorphose de l'homme en surhomme n'est pas une mutation de type biologique, où soudainement s'élève au-dessus de l' « homo sapiens » une nouvelle race d'êtres. Cette mutation est une métamorphose de la liberté finie, son affranchissement de l'aliénation et la manifestation de son caractère ludique.

9 Ebd.

Chapitre cinquième

Les trois métamorphoses nihilistes

On doit encore mentionner que la terminologie pour introduire aux trois métamorphoses, nous la devons à Roland Duhamel[1]. La clef de l'interprétation de Duhamel des « Trois Métamorphoses » est le nihilisme qui est le thème du *Zarathustra*, et ainsi qui doit être le thème de cette section de texte et qu'on peut appliquer encore au livre tout entier, comme nous le verrons aussi plus tard.

Le chameau représente « le NIHILISME CANDIDE » dans Roland Duhamel, ensuite le lion, « LA CRISE NIHILISTE » et plus tard « le NIHILISME LOGIQUE », et l'enfant représente « le NIHILISME DE L'AVENIR ». Les états de l'esprit étant derrière les trois métamorphoses, elles sont toutefois conformes aux interprétations classiques, notamment celle de Pieper.

« A cet égard, « les trois métamorphoses » représentent absolument une clef pour le *Zarathustra*, mais aussi pour la pensée de Nietzsche. Les trois états nihilistes forment le cycle nihiliste qui n'échappe pas à l'homme, dans la répétition. Chaque nature humaine est une nature nihiliste. »[2]

1 Duhamel, Roland, *Nietzsches Zarathustra, Mystiker des Nihilismus*, S. 15.
2 Ebd. S. 18.

Si elle se plie à la vérité et à la morale (chameau), si elle rejette (lion) ou elle se crée ses propres valeurs (enfant), son action renvoie au rien. Conformément à Duhamel, les trois parties du livre *Ainsi parlait Zarathustra* représentent le nihilisme logique (l'esprit à l'étape du lion) qui se fait à la tâche, et qui surmonte sa crise à partir de la fin de la troisième partie. Partie proclamatrice du Surhomme pour devenir (l'esprit à l'étape de l'enfant) qu'il qualifie d'ENFANT-CRÉATEUR-SURHOMME-PERSONNALITÉ[3].

« La structure à la base du *Zarathustra* correspond à la dialectique nietzschéenne du nihilisme et ne devient pas par conséquent des éventualités, mais elle peut être extraite du processus conduit, nécessaire et logique, du XXe siècle, après Nietzsche. »[4]

3 Ebd. S. 18.
4 Ebd., S. 19.

Chapitre sixième

Les métamorphoses de Zarathustra

Le chapitre « Au sujet des trois métamorphoses » est, en même temps, et indissociablement un programme de texte total, tout en étant un déclencheur, une issue - et le point de référence des discours du *Zarathustra*; cette métaphorique est reprise par le texte et lui sert de modèle. Tout est, comme le souligne Fink, en condition des chapitres suivants[1]. Les écrits ultérieurs, c'est-à-dire ceux qui suivent *Zarathustra*, ne sont que développement, épanouissement de ce qu'il y formule.

Zarathustra a été créé par Nietzsche en tant qu'individu, qui enterra ni un engagement social, ni familial et ainsi, isolé de la réalité sociale, réduit à un personnage, qui aspire à la recherche d'une identité classique.[2]

Dès le premier moment de son discours, Zarathustra semble être déjà capable de créer de « nouvelles valeurs[3] », une qualité que Zarathustra ajoute dans *Par delà le Bien et le Mal*, « aux nouveaux philosophes ».

1 Comparer Fink, Eugen, *Nietzsches Philosophie*, S. 72

2 Pour cette raison Werner Fritzen compare aussi *Zarathustra* à un roman d'éducation. Fritzen, Werner: Von *der* unbefleckten Erkenntnis , S. 432f)

3 Comparer avec Gooding-Williams, Robert: *Zarathustra's Three Metamorphoses*, S. 232.

« Zarathustra s'est métamorphosé, Zarathustra s'est fait enfant, Zarathustra s'est éveillé: que vas-tu faire maintenant auprès de ceux qui dorment ?[4] »

Au début du livre se trouve déjà ici, aux yeux du vieillard, au stade de l'enfant. Cela implique qu'il a laissé l'étape du chameau et du lion derrière lui, et souligne aussi ici déjà « la pensée de l'Éternel Retour ». Zarathustra va vers les hommes pour leur enseigner le Surhomme[5], mais il doit aussi lui-même se métamorphoser:

« Créer - c'est la grande délivrance de la douleur, et l'allègement de la vie. Mais afin que naisse le créateur, il faut beaucoup de douleurs et de métamorphoses.[6] »

Au début du Prologue, nous rencontrons la première métamorphose. « Mais enfin son cœur se métamorphosa, - et un matin, se levant avec l'aurore, il s'avança devant le soleil et lui parla ainsi.[7] »

Seulement le vieillard qui avait vu il y a dix ans Zarathustra, la dernière fois - quand il montait à la montagne et qui le trouve maintenant transformé, peut éclairer cette première métamorphose :

« Tu portais alors ta cendre à la montagne; veux-tu aujourd'hui porter ton feu dans la vallée ?[8] »

On fera allusion, par cette référence au motif d'auto-combustion et au mythe prométhéen, à la première métamorphose, qui est le passage du chameau au lion; il a surmonté l'idéologie de l'arrière-monde :

« Qu'arriva-t-il alors, mes frères ? Je me suis surmonté, moi qui souffrais, j'ai porté ma propre cendre sur la montagne, j'ai inventé pour moi une flamme plus claire. Et voici! Le fantôme s'est éloigné de moi! Maintenant, croire à de pareils fantômes, ce serait là, pour

....

4 4,12,25.
5 4,14,13.
6 4,110,32.
7 4,11,6.
8 4,12,20.

moi qui suis convalescent une souffrance et une humiliation. C'est ainsi que je parle aux hallucinés de l'arrière-monde. Souffrances et impuissances - voilà ce qui créa tous les arrière-mondes...[9] »

Une autre métamorphose de Zarathustra est celle du rêve de « l'enfant au miroir ». « Comme un visionnaire et un barde »[10], Zarathustra obtient une nouvelle vision de son enseignement.

« Je suis des voies nouvelles et il me vient un langage nouveau; pareil à tous les créateurs je fus fatigué des langues anciennes. »[11]

La troisième métamorphose qui a commencé avec la prédiction du devin, peut être qualifiée de métamorphose du recul, car Zarathustra devient fatigué de ses actes et croit d'abord au devin, que créer des nouvelles valeurs, n'est pas possible. Il expire, de retour de l'étape du chameau: « Une doctrine fut mise en circulation et à côté d'elle une croyance: « Tout est vide, tout est pareil, tout est passé ! »[12]

« Ainsi Zarathustra entendit parler un devin; et sa prédication lui alla droit au cœur, et elle le transforma. Il erra triste et fatigué; et il devint semblable à ceux dont avait parlé le devin. »[13]

Il récupère, de cette transformation paralysante, dans le même chapitre, après le rêve mortuaire :

« Pareil à quelqu'un qui revient d'une longue absence, il regarda ses disciples et interrogea leurs visages; et il ne les reconnaissait pas encore. Mais lorsqu'ils le soulevèrent et qu'ils le placèrent sur ses jambes, son œil se transforma tout à coup; il comprit tout ce qui était arrivé[14],... »

Un tel dire, comme celui du devin, ou une pensée profonde comme celle du berger avec le serpent[15], ne doit être soutenue que

....

9 4,35,24.
10 4,106,7.
11 4,106,34.
12 4,172,4.
13 4,172,23.
14 4,175,27.
15 4,202,14.

par une métamorphose totale et être comprise, comme à « l'heure la plus silencieuse », Zarathustra le prévoit, comme le devenir-enfant.

« Il te faut redevenir enfant et sans honte. L'orgueil de la jeunesse est encore sur toi, tu es devenu jeune sur le tard; celui qui veut devenir enfant doit surmonter aussi sa jeunesse. »[16]

Comme centre de cette métaphore du chemin, on peut désigner le discours « de la Béatitude involontaire » :

« Un jour le créateur chercha les compagnons et les enfants de son espérance. Et voici, il advint qu'il ne put les trouver, si ce n'est en commençant par les créer lui-même. Je suis donc au milieu de mon œuvre, allant vers mes enfants et revenant d'auprès d'eux; c'est à cause de ses enfants qu'il faut que Zarathustra s'accomplisse lui-même.[17] »

La fin du chemin, toutefois, Zarathustra ne peut pas ici encore la prévoir. « Jusque-là je continue à errer sur des mers incertaines; le hasard me lèche et me cajole; je regarde en avant, en arrière, - je ne vois pas encore la fin[18]. »

La pensée la plus abyssale le laisse encore dans le brouillard:

« Hélas! Pensée venue de mon abîme, toi qui es ma pensée! Quand trouverai-je la force de t'entendre creuser et de ne plus trembler ? »[19]

Toutefois l'image mentionnée souvent dans le texte du lion riant, à laquelle nous nous heurtons dans la quatrième partie du *Zarathustra*, fonctionne comme un signe de l'existence du Surhomme, comme réalisation de l'étape d'enfant. Puisqu'une œuvre philosophique s'explique aussi à travers la vie de son auteur, nous voulons à présent aborder la question des métamorphoses de Nietzsche lui-même.

....

16 4,189,23.
17 4,203,22.
18 4,206,3.
19 4,205,21.

Chapitre septième

Les métamorphoses de Nietzsche

Lou Andreas-Salomé qui a bien connu Nietzsche examine les métamorphoses dans sa vie, à travers son best-seller, *Friedrich Nietzsche à travers ses œuvres*[1]. Nous distinguerons aussi trois moments dans la vie de Nietzsche, Nietzsche-chameau, Nietzsche-lion et Nietzsche-enfant.

7.1 Nietzsche-chameau

L'esprit chameau de Nietzsche s'accomode d'abord du christianisme tel qu'il est pratiqué dans sa famille. Ce christianisme convenait à merveille à sa vie intérieure. Cette foi "était pour lui comme une peau saine, et...tous ses commandements lui avaient semblé aussi faciles à suivre que les impulsions de son propre tempérament[2]."

Sa longue période de son activité philologique peut aussi être considérée comme une période de son esprit chameau. Ici aussi, c'était "une contrainte qu'il s'est imposée à lui-même[3]." Ce fut une période où il a appris rigoureusement la philologie selon les méthodes de son maître Ritschl. Il s'agissait de mettre en lumière

1 ANDREAS-SALOME(Lou).- *Friedrich Nietzsche à travers ses œuvres* (Paris, Grasset, 1992).
2 ANDREAS-SALOME(Lou).- *o.c.*, p. 59.
3 ANDREAS-SALOME(Lou).- *o.c.*, p. 61.

les questions de forme et le contexte extérieur, reléguant au second plan la signification intérieur des textes. Ce sol rocailleux et cette discipline aride a fait souffrir notre génie en herbe. Il fallait se soumettre à la froide objectivité des sciences philologiques.

Avec Wagner Nietzsche va connaître une période aussi d'esprit chameau. Ce compositeur exerça sur Nietzsche un attrait magique. Il va vouer un culte à Wagner et aussi à Schopenhauer dans les troisième et quatrième *Considérations.* Il s'agit d'une admiration enthousiaste pour ces deux maîtres de la philosophie de l'art.

7.2. Nietzsche-lion

Nietzsche se révèle lion, pour la première fois, lorsqu'il rompt avec la foi chrétienne. Il décide de fuir un monde qui lui était cher, mais dans lequel il ressentait comme une menace pour son génie. En rompant de plein gré avec cet état de quiétude, il devenait un esprit-lion. Cette rupture avec le christianisme eut lieu dès sa treizième année, lorsqu'il désigna Dieu comme le père du mal[4].

Nietzsche devient aussi un lion, pour la seconde fois, lorsqu'il se libère dans son premier grand ouvrage philosophique *sur la Naissance de la tragédie.* Ici Nietzsche quitte son domaine d'études originel, et après avoir traversé les domaines de l'art et de l'histoire, il pénètre dans le monde philosophique wagnérien, né de la rencontre de ses conceptions artistiques avec la métaphyque schopenhauerienne[5]. C'est dès cet ouvrage que s'opère chez Nietzsche, la fusion complète de la philologie et de la philosophie. Pour Nietzsche, "toute activité philologique, dans sa totalité comme dans chacune de ses parties, doit être investie par une conception philosophique de l'univers, au sein de laquelle tout ce qui est solitaire et isolé s'évapore comme une chose sans valeur, et où seule subsiste la notion de l'ensemble[6]."

4 ANDREAS-SALOME(Lou).- *o.c.*, p. 61.
5 ANDREAS-SALOME(Lou).- *o.c.*, p. 67.
6 ANDREAS-SALOME(Lou).- *o.c.*, p. 68.

Nietzsche va aussi rompre avec Socrate, l'homme théoricien, qui est "aux antipodes du monde dionysien et de la culture esthétique.[7]"

Après un idylle qu'il va connaître avec son ami Paul Rée, à l'époque où il écrit *Humain trop humain,* Nietzsche va connaître une autre métamorphose. Avec son intellectualisme outrancier, il se laissa donc fréquemment guidé par le caractère personnel de Rée. Il se forgea, à l'image de son ami, une conception idéale et très précise qui fut pour lui une ligne directrice: la supériorité du penseur sur l'homme d'action, le dédain de tous les jugements dictés par le sentiment, l'abandon total et sans réserve à l'esprit de recherche scientifique lui apparurent comme les traits spécifiques d'un nouveau type d'homme en quête de connaissance, plus élevé, et donnèrent à sa philosophie sa physionomie spécifique. Pour aller vite, nous passons à la troisième philosophie de Nietzsche qui est "une interprétation philosophique de sa propre vie spirituelle.[8]"

7.3. Nietzsche-enfant

Après avoir achevé le cycle de ses métamorphoses, Nietzsche se fait enfant, par le biais de Dionysos, au cours de sa dernière période créatrice. "Elle est alors transformée, dans la mesure où les liens qui le rattachaient à la métaphysique de Schopenhauer et de Wagner sont rompus. C'est à Dionysos(enfant) que Nietzsche a recours pour " traduire les expériences les plus intimes de son être...(il) n'a cessé de voir dans l'ivresse dionysiaque, une émotion étroitement apparentée à sa propre nature: cette fusion mystérieuse de la volupté et de la douleur, cette blessure qu'il s'inflige et cette divinisation de soi-même, cet ébranlement émotif d'une intensité inouïe au sein duquel tous les contraires s'affrontent et se détruisent[9]."Dionysos-enfant c'est Nietzsche

7 ANDREAS-SALOME(Lou).- *o.c.*, p. 70.
8 ANDREAS-SALOME(Lou).- *o.c.*, p. 121.
9 ANDREAS-SALOME(Lou).- *o.c.*, p. 70.

lui-même qui “brille avec un éclat radieux et doré[10]”. Dionysos comme Zarathustra eut pour nourrices les flammes de la foudre. Il est le dieu “ardent”, né du feu, il est enfant du feu. Il est aussi le “rayonnant”, l’ “illuminé”, il brille comme un astre aux rayons du feu. Maître des flammes, il est le gardien du feu. Mais il est aussi le dieu sombre, le dieu nocturne, le “rôdeur de nuit”. Sous sa forme ténébreuse, il fait l’objet de cultes nocturnes et réçoit des sacrifices infernaux.

Dans la dernière période de création de Nietzsche, nous trouvons cette idée que “seul l’individu unique, en qui le génie de l’humanité se représente tout entier, est capable d’interpréter par ses propres forces le passé dans son ensemble et peut, à ce titre, conférer en toute éternité un sens et un but à l’avenir, lui aussi, dans sa totalité.[11]”

Pour Andreas-Salomé, “la vie et la pensée de Nietzsche ont été constamment guidées par un instinct religieux. Ses diverses philosophies ne sont que des tentatives pour remplacer Dieu, des palliatifs grâce auxquels il espère supporter l’absence d’idéal divin…[12]”Son esprit enfant ‘acquiert de la sorte une double personnalité: revêtant simultanément l’aspect d’un homme malade et souffrant, et celui d’un surhomme riant et sauvé, il se transforme à la fois en créature et en créateur; par l’un, il reste en contact avec la réalité concrète; par l’autre, il entre de plain-pied dans la sur-réalité mystique.[13]”

A la filiation chameau, lion, enfant, correspondent les figures en qui Nietzsche exprime sa compréhension de lui-même: le génie, l’homme qui assure le plus lourd service et se fait passage d’une puissance plus forte que l’homme, correspond au chameau; l’esprit libre, ce critique et ce négateur, ce navigateur hardi qui s’en va vers les rivages lointains et inexplorés, correspond au lion; et Zarathustra lui-même qui affirme et crée de nouvelles valeurs,

....

10 DARAKI(Maria).- *Dionysos et la déesse terre* (Paris, Flammarion 1994), p. 21.

11 ANDREAS-SALOME(Lou).- *o.c.*, p. 75.

12 ANDREAS-SALOME(Lou).- *o.c.*, p. 123.

13 ANDREAS-SALOME(Lou).- *o.c.*, p. 123.

correspond à l'enfant qui joue. Pourtant le sens de ce discours est loin de l'autobiographie. Et Eugen Fink de soutenir: "Le fait que Nietzsche parcourt dans sa propre vie ces étapes qu'il veut d'une façon générale que l'homme parcoure, ne montre que le sérieux de sa pensée qui l'engage lui-même. Il existe en penseur, il vit sa *pensée* et pense sa vie[14]."

14 FINK(Eugen).- *La philosophie de Nietzsche*, (Paris, les Éditions de Minuit, 1965, p. 90.

Deuxième partie

Interprétation africaine des trois métamorphoses de Nietzsche

Pourquoi une interprétation africaine de Nietzsche ? Nous le faisons parce que ce n'est que justice. La pensée africaine représente un moment capital dont la réflexion philosophique ne peut plus aujourd'hui faire l'économie. Elle a posé les bases métaphysiques qui, jusqu'à nos jours, dominent les grandes orientations des recherches philosophiques. Plus encore, elle a créé un type de civilisation dont il est opportun, pour nous, de comprendre globalement le dynamisme, si nous voulons saisir, en profondeur, l'homme et la société humaine dans leur surgissement comme culture.

Intégrée dans l'ensemble du devenir historique où les grandes civilisations marquent de leur impact la construction de la figure de l'homme, la connaissance de la pensée africaine permet, sans contexte, de repenser le fondement de notre idée des valeurs et de notre vie culturelle. Elle élargit aussi notre conception de l'homme et notre vision du monde, notre sens du destin et notre rapport à l'être, notre passion de la vie et notre intelligence de la mort. Car l'Afrique est avant tout la manifestation de la force créatrice de l'esprit. Notre recherche sur "une lecture africaine des trois métamorphoses de l'esprit" de Friedrich Nietzsche" a pour projet de dévoiler à notre conscience d'hommes contemporains ce que nous devons à l'Afrique dans sa puissance créatrice. Que nous ayons choisi Nietzsche et ce texte inaugural est fort louable. C'est dans ce texte que Nietzsche analyse le parcours de l'homme africain, qui est courbé comme un chameau, chargé par les différentes pesanteurs de la tradition, de la colonisation et du néocolonialisme. Puis, il se libère comme un lion de toutes ses chaînes et enfin se recrée comme un enfant, dans son projet de renaissance ou de resurrection africaines.

Chapitre premier

Comment l'esprit devient chameau ?

Nietzsche ne dit pas comment l'esprit devient chameau. Pour comprendre notre lecture africaine, nous partirons du schéma du néo-colonialisme. Tous les schémas du néo-colonialisme se ressemblent. En son fondement, il y a toujours un gros mensonge qu'Hannah Arendt a stigmatisé dans un petit ouvrage intitulé *Du mensonge à la violence*[1]. Et pour porter ce gros mensonge, il faut un tam-tam parleur, l'ONU, ce « machin de De Gaulle, devenu aujourd'hui le bras armé du néo-colonialisme[2]. C'est cette fameuse communauté internationale qui donne le feu vert des guerres sécrètes en Afrique que Pierre Péan a qualifié de carnages[3]. Ce tam-tam parleur est relayé par les médias internationaux[4] qui amplifient le mensonge et achèvent le travail de destruction, par un lynchage médiatique des « lions » que sont

....

1 ARENDT (Hannah).- *Du mensonge à la violence*, Calmann-Lévy, 1972

2 BANIAFOUNA (Calixte).- *La démocratie de l'ONU en Côte d'Ivoire. Du "Machin" de De Gaulle au bras armé de la Françafrique*, Paris, L'Harmattan 2011.

3 PEAN(Pierre).- *Carnages. Les guerres secrètes des grandes puissances en Afrique*, Arthème Fayard, novembre 2010.

4 Radio: RFI), (Télévision: TV5, ITÉLÉ, LCI, France 24, BBC, CNN), (Presse écrite: La croix, Jeune Afrique...).

les dirigeants récalcitrants, ainsi diabolisés, avec leurs épouses, leurs enfants et leur entourage. Les médias aujourd'hui sont dominés et contrôlés par les puissances d'argent. Et « la presse n'est qu'un produit, soumis aux lois du marché[5] ». Notre auteur ajoute que les journalistes sont dépendants des partis politiques et du pouvoir[6]. Ils figurent, entre les prostituées et les députés, au bas de la liste des professions auxquelles il convient de faire confiance. Mais, le journaliste d'aujourd'hui doit être un homme intègre et un homme de caractère. Car il n'aura pas seulement à faire preuve de courage pour défendre la vérité contre la volonté de puissance et la passion d'acquérir… De l'Afrique à l'Europe en passant par l'Asie et l'Amérique, partout où il y a de nouvelles colonies à conquérir, c'est toujours le même mensonge. Les Etats-Unis sont passés maîtres dans cet art, eux qui n'arrêtent pas de manipuler toute la planète. Disposant de la force, de l'égoïsme, de l'irrespect et de l'arrogance des nouveaux maîtres du monde, ils se sont appropriés la cinquième liberté, celle de voler et d'exploiter toutes les nouvelles colonies[7]. Bugnon-Mordant soutient affirmativement qu'aux Etats-Unis, « il existe des dirigeants suffisamment cyniques, indifférents aux souffrances et partisans de l'adage 'qui veut la fin veut les moyens' pour sacrifier des citoyens américains en provocant des actions terroristes contre eux. »[8] Dans le cas des attentats du 11 Septembre, il s'agit bel et bien d'une « manipulation médiatique...CNN est devenu le modèle du savoir-faire télévisuel, dont s'inspirent de plus en plus les chaînes du monde entier... »[9] L'attitude cavalière des Etats-Unis vis-à-vis du droit sur la scène internationale, a été relevée par Mahmood Mamdani, dans un ouvrage récent où il soutient « Washington demande au Conseil de sécurité d'accorder une dispense totale et indéfinie aux Américains afin qu'on ne puisse les traduire

5 JUNQUA(Daniel).- *La presse, le citoyen et l'argent* (Paris, Folio 2002), p. 14

6 JUNQUA, O.C., p.17.

7 BUGNON-MORDANT(Michel).- *Etats-Unis. La manipulation planétaire.* Favre, 2003, p. 24.

8 p.52.

9 p. 76.

devant le TPI, et menace d'opposer son veto au renouvellement des opérations de maintien de la paix en Bosnie et ailleurs en cas de refus[10]. »

L'esprit chameau n'a pas encore saisi combien il est manipulé, mais il existe heureusement une poignée de lions, d'observateurs, de chercheurs, de simples citoyens, qui habitués, à réfléchir, ne s'en laissent pas conter. Les Etats-Unis n'en sont pas à leur premier coup d'essai, quand nous parlons de mensonge politique. Aujourd'hui toute l'actualité est captivée par le déclenchement de la guerre en Syrie[11]. La question de l'utilisation des armes chimiques aujourd'hui en Syrie, comme autrefois les armes de destruction massives en Irak[12] reposent toujours sur une falsification délibérée de la réalité contingente. Il s'agit d'une véritable tromperie à l'échelle planétaire.

En quittant l'Amérique, nous voudrions nous tourner vers l'Afrique de l'Ouest, où la Côte d'Ivoire a connu dans un passé proche, une véritable imposture du pouvoir d'Etat. L'omerta sur la mort des soldats français en 2004[13], pendant la crise ivoirienne est un trucage, digne des films hollywoodiens. Cette phase du conflit a permis à la France d'affaiblir militairement Laurent Gbagbo, tout comme aujourd'hui, la punition qu'Obama veut infliger à Bachard permettra de l'handicaper, pour pouvoir le renverser, dans un futur proche. Mais le meilleur viendra plus tard dans la crise ivoirienne.

Leslie Varenne a enquêté sur la manifestation des 2000 ou 3000 femmes à Abobo qui a dégénéré et qui est devenue, un moment crucial dans l'histoire du conflit ivoirien. Il semblerait, selon l'auteur, que « les douilles ramassées par un des combattants

10 MAMDANI (Mahmood).- *La CIA et la fabrique du terrorisme islamiste* (Paris, Demopolis, 2007), p. 243.

11 Au moment où nous écrivons ces lignes, le Président Obama cherche à persuader les Occidentaux et son opinion publique, à le suivre dans cette nième croisade.

12 BLIX(Hans).- *Irak, les armes introuvables*, Fayard, 2004.

13 ONANA(Charles.- *Côte d'Ivoire. Le coup d'État*, Duboiris 2011, p. 207.

du Commando Invisible arrivé sur place, après les tirs sont des douilles de calibre 12,7. Or, les chars russes de Laurent Gbagbo sont équipés de mitrailleuses de 14 millimètres. »[14]. Gbagbo n'a donc pas fait tuer les femmes d'Abobo. Mais après cette tuerie, la communauté internationale s'indigne. Notre auteur de poursuivre, « la mort de ces sept femmes va conduire les Russes et les Chinois, réticents à toute ingérence dans un conflit intérieur, à accepter de voter la résolution onusienne 1975. Elle donnera droit à l'ONU de détruire les armes lourdes de Laurent Gbagbo. »[15] Armes chimiques, armes de destructions massives, armes lourdes, c'est la même rhétorique, axée sur l'imaginaire.

L'esprit est devenu chameau, à partir de cette violence inaugurale, qui s'appelait autrefois, la colonisation. Eboussi Boulaga, nous en a fait la brochette dans *La crise du Muntu:* « L'irruption de l'autre est celle des forces de destruction animales ou infernales. Elles proviennent du dehors du monde des hommes. »[16] Aujourd'hui le néo-colonisé est devenu chameau et c'est son niveau d'évolution que nous voulons décrire à présent.

L'Afrique est aujourd'hui le chameau du reste du monde. Le dos du chameau est assez résistant pour recevoir toutes les charges du monde entier. Ce continent n'est-il pas devenu la poubelle de l'Occident, s'interroge Serge Armel Attenoukon ? « Selon Greenpeace, le commerce des déchets a entraîné le déversement de milliers de tonnes de substances toxiques dans des endroits comme Cato Ridge en Afrique du Sud ou Kojo au Nigéria. On estimait, en 1992, à un million de tonnes les déchets toxiques que des entreprises italiennes auraient déversés sur les côtes de la Somalie à la faveur de l'anarchie qui règne dans ce pays depuis une dizaine d'années[17]. » Bernard Dussol et Charlotte Nithart,

....

14 VARENNE (Leslie).- *Abobo la guerre. Côte d'Ivoire: terrain de jeu de la France et de l'ONU,* Mille et une nuits 2012, p. 126.

15 p. 128.

16 EBOUSSI-BOULAGA (Fabien).- *La crise du Muntu. Authenticité africaine et philosophie,* Présence Africaine, 1977, p. 69.

17 ATTENOUKON(Serge Armel).- *L'Afrique, poubelle de l'Occident ? La gestion des déchets dangereux.* (Paris, l'Harmattan, 2009), p. 24.

quant à eux, se sont intéressé, au cas de la Côte d'Ivoire, au cargo de la honte et ont retracé l'effroyable odyssée du Probo Koala. « C'est criminel ! 500 tonnes de déchets pour tuer les Ivoiriens, écrivent-ils[18] ». Leur longue enquête revient sur l'escale du tanker, le déchargement des déchets et la dénonciation d'un certain nombre de responsables qui ont pu tremper dans cette affaire sans précédent.

18 DUSSOL (Bernard), NITHART (Charlotte).- *Le cargo de la honte. L'effroyable odyssée du Proba Koala* (Stock 2010), p. 56.

Chapitre deuxième

Le stade chameau du néo-colonisé

L'image la plus sublime qui nous vient à l'esprit pour parler du nouveau colonisé est celle que nous livrent les Pères Synodaux, lors de leur réflexion sur l'Afrique en 1995. Selon eux, « l'Afrique actuelle peut être comparée à l'homme qui descendait de Jérusalem à Jéricho; il tomba entre les mains de brigands qui le dépouillèrent, le rouèrent de coups et s'en allèrent, le laissant à demi mort.[1] L'Afrique est un continent où d'innombrables êtres humains - hommes et femmes, enfants et jeunes - sont étendus, en quelque sorte, sur le bord de la route, malades, blessés, impotents, marginalisés, et abandonnés.[2] »

Cette citation aurait besoin d'un petit commentaire. Nous nous contenterons de relever que ces brigands dont parlent nos Evêques sont cette poignée d'initiés que Xavier Harel[3] a décrits, et qui siphonnent, par exemple, le pétrole africain. Au nombre de ceux-ci, il y a des Chefs d'Etats africains, comme Denis Sassou Nguesso, « qui est à la tête d'un régime kleptocrate qui détourne chaque année des centaines de millions de dollars de revenus

1 Lc 10,30-37.

2 Jean Paul II, *Exhortation apostolique Ecclesia in Africa,* , Libreria Editrice Vaticana, cité du Vatican, 1995, p. 44.

3 HAREL (Xavier).- *Afrique. Pillage à huis clos. Comment une poignée d'initiés siphonne le pétrole africain.* (Fayard, 2006).

pétroliers. La presse anglo-saxonne a dévoilé le train de vie extravagant du général et les mécanismes exotiques mis en place pour détourner l'argent du pétrole, principale richesse de ce pays de 3,8 millions d'habitants[4]. » Avec 80 à 100 milliards de barils de pétrole de réserves, le continent africain est assis sur 8 à 10% des réserves mondiales. Le golfe de Guinée est devenu le nouveau terrain de jeu des compagnies pétrolières… « Loin de constituer un tremplin pour le développement, le pétrole se révèle être un cocktail empoisonné… Le mal-développement, la corruption, l'instabilité politique et la guerre en constituent les principaux ingrédients[5]. » L'Afrique meurt du comportement prédateur de certains de ses dirigeants, pour le plus grand profit des majors du pétrole… Avec la bénédiction de Jacques Chirac, Tony Blair et George Bush.

Ces dirigeants d'aujourd'hui n'ont-ils pas leurs ancêtres dans ceux d'hier, dont Max Allan Collins a dessiné les portraits dans son roman noir, *American Gangster.*[6] Entre le capo Dominic Cattano, le gangster italien, Nicky Barnes, le dealer noir qui émerge de sa Bentley blanche, tel un coq en sa basse-cour et qui porte des verres fumés de Gucci, et la grosse brute de Tango Black, le sale con au crâne d'œuf, du genre plutôt vif de la gâchette pour un homme de cette carrure, il y a aucune différence : ce sont tous des gangsters. Aujourd'hui, ces mêmes gangsters pullulent dans le monde. Ceux d'Harlem d'hier, qui comme Franc Lucas dictait leurs lois et établissait des empires puissants : flics corrompus, mafia italienne détrônée, héroïne pure, junkies en manque… Ceux d'aujourd'hui, du Congo, au Gabon, du Nigéria, en Angola en passant par la Guinée Equatoriale, détournent cette manne pétrolière. Ce sont des sociétés écrans mises en place qui permettent aux dirigeants de ces pays de détourner des centaines de millions de dollars, avec l'expertise occidentale. Certaines entreprises françaises, et non

4 HAREL (Xavier).- *o.c.*, p. 14.
5 HAREL (Xavier).- *o.c.*, p. 18.
6 COLLINS (Max Allan).- *American Gangster*, Michel Lafon 2007.

des moindres, ainsi que de prestigieux cabinets d'avocats, ont mis leur savoir-faire au service de ce pillage à huis clos.

Après toutes ces guerres, ces carnages, tous les habitants des néo-colonies, à l'instar des Africains, sont des blessés pour la vie. Des civilisations entières sont détruites (par exemple, la célèbre civilisation irakienne). Ces blessures intimes, nous avons voulu les rouvrir, car comme nous y invite Fred Poché, « en oubliant les blessures intimes qui marquent au fer rouge tant de vies, et en s'enfermant dans la cage dorée du commentaire, le philosophe ne se coupe-t-il pas de l'essentiel ? Soyons-en convaincus sans opter pour les pauvres, les malheureux, les humiliés, sans fonder une communauté avec ceux qui souffrent de l'injustice, il n'y a guère de chances que nous comprenions bien notre temps. »[7]

Toutes ces personnes handicapées par ces guerres, violées, détruites à jamais, ces morts-vivants, innocents, ces emprisonnés injustement, ce sont des personnes réduites à l'état de chameau. Et le pire c'est qu'on a aucun endroit, aucun lieu où exhumer ces souffrances. Ces blessures sont devenues sociales, collectives. De ces vies brisées, le Père Gazoa veut les guérir, lorsqu'il dit dans son ouvrage, « La société est malade de ces nombreux malades qui le peuplent. Nous sommes tous brisés, fragmentés d'une manière ou d'une autre. Même ceux qui apparemment n'ont besoin de rien ou ne se plaignent jamais parce que baignant dans une relative aisance, ont quelque chose de brisée en eux dans la mesure où le vrai sens de l'homme et de l'existence leur échappe. Ils sont malades, étant donné qu'ils ne se comportent pas comme des Biens portants.[8] »

Le nouveau colonisé a le même portrait que celui qu'autrefois Albert Memmi dressait pour le colonisé. Le nouveau colonisé est « un arriéré pervers, aux instincts mauvais, voleur, un peu

....

7 POCHÈ (Fred).- *Blessures intimes, blessures sociales, de la plainte à la solidarité*, Paris, La nuit surveillée, 2008, p. 15.

8 GAZOA (Germain.- *La guérison des blessures intérieures. Pour reconstruire une vie brisée*, St Mathieu 2008, p. 21.

sadique, il légitime ainsi sa police et sa juste sévérité.[9] » En plus, le néo-colonisé se remarque par « son inaptitude au confort, à la technique, au progrès, son étonnante familiarité avec la misère.[10] » L'occidental le dépeint aussi comme « un frugal, sobre, sans besoins étendus et avalant des quantités dégoûtantes de viande, de graisse, d'alcool, de n'importe quoi; comme un lâche, qui a peur de souffrir et comme une brute qui n'est arrêtée par aucune des inhibitions de la civilisation. »[11] Mais le néo-colonisé, même s'il pratique l'hospitalité, est un irresponsable, qui « n'a pas le sens de la prévision, de l'économie. (Il) se ruine, emprunte et finalement paye avec l'argent des autres! »[12] Enfin le néo-colonisateur dénie au néo-colonisé le droit le plus précieux reconnu à la majorité des hommes: la liberté.

Pour ce qui concerne la démocratie aujourd'hui, les Maîtres du monde dénient aux néo-colonisés le droit à la différence. « Ils ne sont pas capables de se gouverner tout seuls. »[13] De plus, le néo-colonisé est placé « hors de l'histoire et hors de la société...Il est hors jeu. En aucune manière, il n'est sujet de l'histoire. »[14] Or, comme le soutient Dibi Kouadio Augustin, « la différence renvoie immédiatement à l'idée d'une distance. »[15]Il semble qu'à tous les niveaux l'Afrique soit enchaînée, tout comme les nouvelles colonies. Quels remèdes efficaces trouver contre les maux qui rongent l'homme néo-colonisé et son environnement socio-culturel[16].

9 MEMMI (Albert).- *Portrait du colonisé. Portrait du colonisateur*, Gallimard 1957, p. 102.

10 p.102.

11 p. 102-103.

12 p. 104.

13 p. 114.

14 MEMMI,o.c. p. 111.

15 DIBI (Kouadio Augustin).- *L'Afrique et son autre: la différence libérée.* Strateca, 1994, p. 42.

16 GNAKO (Célestin).- *Des paroles pour libérer l'Afrique enchaînée* (tome 2), Abidjan 2003, p. 7.

Chapitre troisième

Comment l'esprit est devenu lion ?

Ne pensons pas que la voie que nous proposons soit hors de la voie spirituelle. Que l'esprit chameau devienne l'esprit lion est une voie spirituelle qui est différente des voies empruntées jusqu'alors. Mais constate avec amertume Jean Sinsin Bayo, « de tous ces efforts, les résultats restent maigres, amers: violences, rebellions, guerres, et il ajoute, c'est sans doute l'homme qui est ici en cause.[1] L'esprit lion doit être, poursuit Sinsin, en équilibre identitaire et vocationnel ; il a besoin d'un élément stabilisateur et mobilisateur qui structure et projette son être et lui permet de s'exprimer avec cohérence, constance et ainsi d'écrire une histoire porteuse d'avenir pour tous[2]. Nous avons choisi l'image du lion à toutes autres images qui ont été utilisées abusivement dans la lutte pour le pouvoir politique comme par exemple « le serpent venimeux, le léopard aux aguets et l'aigle épinant la moindre faille, une bête traquée, le renard futé et fuyant, le caméléon s'accommodant des multiples facettes de son environnement immédiat. »[3]

....

1 BAYO (Jean Sinsin).- *Le reveil spirituel et reveil socio-politique et moral de l'Afrique* in Fondation Jésus en Afrique, Actes de la Convention du 10è anniversaire, "L'Afrique n'est pas vouée à la mort, mais à la vie", p. 19.

2 p. 20.

3 Wolgang OCKEFELS & Raymond B. GOUDJO.- *Des campagnes électorales. Les vieux démons se réveillent.* Flamboyant 2000, p. 19.

L'image du lion, nous l'empruntons à Laurent Gbagbo dans son poème épique, *Soundjata, Lion du Manding.* Cette fiction est, selon lui, le paradigme du parcours de tous les continents néo-colonisés car il s'agit de l'histoire d'un homme qui avait puisé dans la victoire sur lui-même les forces pour fonder une nation et la conduire à la victoire sur ses ennemis. »[4]L'histoire de l'enfant lion est d'abord celle d'une série d'épreuves. A neuf ans, cet esprit lion se traînait encore à terre, comme un esprit chameau. Il lui fallait se redresser lui-même et se dresser devant ses adversaires. « A compter du jour où celui qui semblait condamné à se traîner par terre se redresse et, ce faisant, courbe ce qui était lourd et rigide, puis jette à terre ce qui lui barrait l'horizon, le passé est dépassé et l'avenir est ouvert.[5] » L'esprit lion est fils de la femme-buffle[6], ce qui veut dire qu'en plus de la force, il a aussi l'endurance. Il est également celui qui brise les montagnes et fend les océans[7]. Il rugit[8]. Il est béni des ancêtres[9]. Toutes ces qualités, l'esprit lion les laisse transparaître dans sa propre vie par des actes concrets. Simone Gbagbo a condensé cette vie en une formule : « Ô nuan kan, ô sa kloa »[10]. L'esprit lion est celui qui est « I nuan kani » et « sa main a réalisé ce que sa bouche avait dit.[11] » L'esprit lion est « un homme de parole, de foi et de justice.[12] » En conclusion, Simone Gbagbo écrit : « Ce que la bouche dit, la main doit être capable de le faire, sinon que la bouche se taise[13]. »

Pour Logbo Gnezé qui distingue bien le lion de la panthère[14], l'esprit lion est la figure de l'ara, avatar du feu céleste..., la figure

....

4 p.6.
5 p. 7.
6 p. 1.
7 p.16-17.
8 p. 21.
9 p. 27.
10 Simone GBAGBO. *Paroles d'honneur. La première Dame de Côte d'Ivoire parle.* Pharos/ Ramsay, 2007, p. 239.
11 p. 239.
12 p. 241.
13 p. 241.
14 *Le président qu'il faut aux Ivoiriens au XXIe siècle*, Dagekop 2005.

du calao, gouvernant le visible et l'invisible, le **djé**, le **goli**, le **koutouklè**, le **glaou** et le **baléfou**[15].

Vient un **kairos** où l'esprit lion doit se révolter pour rompre avec le dragon, dans le désert. Il s'engage alors dans la voie de la refondation. En effet, son salut dépendra de la rupture et de la refondation[16]. Refonder les nouvelles colonies, c'est devenir enfant.

15 p. 46.

16 Bernard CONTAMIN et Harris MEMEL FÔTÉ.- *Le modèle ivoirien en question. Crises, ajustements, recompositions*, Karthala 1997, p. 616.

Chapitre quatrième

Comment l'esprit est devenu enfant ?

Nous savons que le mot refondation inspire la crainte aujourd'hui en Afrique et dans le monde. Jean-Claude Gillebaud en a conscience, lui qui se demande s'il est encore possible de penser la totalité[1]. Quel esprit nouveau pour le monde d'aujourd'hui ? Nous pensons à l'esprit enfant. Ici également Nietzsche ne nous dit pas comment l'esprit devient enfant. Il se contente de nous dire ce qu'est l'esprit enfant. Alors comment renaître aujourd'hui ? Comment devenir un enfant, quand on est passé de l'esprit chameau à l'esprit lion ? En retournant vers les sociétés indigènes, Sylvie Crossman et Jean-Pierre Barrou nous ont appris que l'esprit enfant est un esprit prophétique (tel que le possèdent les Tibétains), un esprit médicinal (comme celui des Navajo) et finalement un esprit artiste (comme celui des Aborigènes d'Australie)[2]. Il y a un véritable danger qui se présente devant nous car de graves problèmes affecteront la planète terre que Jacques Attali s'est donné la peine de relever dans son ouvrage *Demain, qui gouvernera le monde ?*

1 *La refondation du monde*, Paris, Seuil 1999, p. 26.
2 *Enquête sur les savoirs indigènes*, Folio/ Gallimard 2001.

Si nous n'épousons pas l'esprit enfant, notre monde connaîtra « des mouvements de population de plus en plus vastes, une uniformisation intolérable, un système financier de moins en moins contrôlable, des règles de droit de moins en moins crédibles, des armements de plus en plus disséminés, des pollutions de plus en plus envahissantes, des ressources de plus en plus rares, des technologies de plus en plus difficiles à contrôler, des puissances non étatiques de plus en plus influentes, des mouvements criminels de plus en plus puissants[3]. » Ces problèmes forment un ensemble de risques systémiques auxquels l'esprit enfant doit faire face.

L'esprit enfant est « charité, joie, paix, longanimité, serviabilité, bonté, confiance dans les autres, douceur, maîtrise de soi. »[4] C'est un esprit de foi, un esprit lucide, un esprit de remerciement, un esprit intérieur. L'esprit enfant est très économe en paroles. Il doit beaucoup écouter, travailler beaucoup dans la discrétion et parler peu. L'esprit enfant est un esprit rassembleur, d'unité, de paix, d'amour et d'harmonie. Il est surtout un défenseur et protecteur de la vie. Il est en outre, un champion de l'honneur et de la dignité; la dignité par la réhabilitation des enfants de toutes les néo-colonies, de toutes les femmes. L'esprit enfant est un esprit modeste, un esprit généreux, faisant le bien en cachette. Un esprit intelligent et cultivé à un degré suprême.

....

3 ATTALI (Jacques).- o.c., p. 262.

4 *Galates* 5,22.

Chapitre cinquième

Attitude nihiliste des néo-colonisés comme attitude de rejet de la civilisation occidentale pour une renaissance ou une resurrection de l'Afrique

Si nous voulons partir de l'Afrique, nous pouvons noter qu'elle vit une véritable tragédie apparente. Il y a comme une véritable fracture mondiale entre l'Afrique et le reste du monde. Aboubacar Yenikoye Ismaël[1] en a fait l'autopsie dans son ouvrage *La Fracture mondiale. Afrique. L'autopsie d'une tragédie.* Nous ne voulons pas revenir sur cette triste réalité. Notre hypothèse est simple. Pour ce qui concerne les néo-colonisés, ils sont tous devenus nihilistes par rapport à la culture dominante. Ils ne veulent plus rien de l'Occident. Voilà pourquoi ils sont redevenus comme des enfants. Devenir enfants pour eux c'est la volonté de prendre volontairement du retard sur les autres. Ils veulent repartir à zéro, en rejetant les langues, la monnaie, les techniques, l'éthique, la spiritualité, le progrès occidental... Ils sont pour la décroissance,

1 *La Fracture mondiale. Afrique. L'autopsie d'une tragédie*, Harmattan 2007.

là où les Occidentaux veulent la rentabilité et la croissance à tous prix. Mais pas une décroissance n'importe comment. Nietzsche avait prédit dans son *Zarathustra* : « Le désert croît, malheur à celui qui recèle des déserts...[2] » Que l'Occident nous laisse vivre dans nos arbres, de la cueillette, de la chasse car « la société de croissance n'est ni tenable, ni souhaitable »[3]. Le nihilisme des néo-colonisés est qu'ils regardent ailleurs. Il est urgent de retrouver la sagesse de l'escargot. L'esprit enfant c'est cela, l'esprit escargot. Car « avec le délire de la croissance illimitée, la rationalité dévoile en effet, son irrationalité fondamentale. »[4] La pauvreté des néo-colonisés par exemple, « pourrait se définir comme un état de l'être au monde de l'homme, qui ne met pas en péril sa joie de vivre et la misère comme ce qui l'interdit, soit par dénuement invivable, soit par excès d'avoir. Le partage et la fraternité donnent sens à la pauvreté. L'individualisme massifié conduit à la misère quelque soit le niveau de vie matérielle. La misère est la marque infamante de la déshumanisation.[5] »

Autre élément que nous voudrions ajouter à la décroissance est la lenteur. Redevenir enfant, c'est quitter la vie d'adultes tout-puissants. La vérité de l'enfant, c'est rire avec ses copains, jouer sans le contrôle des adultes, rêver. Le nihilisme que nous prônons ici, se superpose à la croisade contre la mondialisation. Il est convaincu « que le turbo-capitalisme ne peut mener qu'au surmenage de la planète comme de ses habitants, et cela sans espoir de retour.[6] »Redevenir enfants pour les Africains, c'est opter pour la simplicité de la vie. Dans les sociétés occidentales, les personnes ne savent plus vivre simplement, elles ont trop de biens matériels, trop de choix, trop de tentations, trop de désirs, trop de nourriture. Elles gaspillent, détruisent tout. Elles utilisent

....

2 4,380,25.

3 Jean -Claude BESSON-GIRARD.- *Decrescendo Cantabile. Petit manuel pour une décroissance harmonique*. Paragon 2005, p. 9).

4 p.10.

5 p.142.

6 CARL Honoré, - *Eloge de la lenteur*. Marabout 2005, p. 25.

des couverts, stylos, briquets, appareils photo jetables...dont la fabrication génère la pollution de l'eau, de l'air et donc de la nature. Il faut choisir la simplicité qui permet d'enrichir la vie. L'Afrique veut choisir de posséder peu, aimer d'instinct ce qui est sobre et épuré. « Vivre, après tout, n'est que manger, dormir et occuper son temps comme on peut. Tout ce à quoi chacun devrait aspirer, c'est à être lui-même[7]. »

VI. Conclusion partielle

A la fin de cette étude nous désirerons risquer notre proposition pour la renaissance ou la résurrection de l'Afrique. Il nous semble qu'après avoir analysé les trois métamorphoses de l'esprit, nous devons retourner à Zarathustra lui-même et à la suite de Picart Caroline Joan[8] reprendre ce que nous avons dit dans notre ouvrage *Lecture philosophique*[9]. De même que nous voulons mettre l'Afrique au monde, nous souffrons d'une envie d'utérus. Comme Nietzsche, "dans son désir d'achever l'impossible, à savoir donner naissance à lui-même, (Nietzsche) exprime son ressentiment fondamental envers la paternelle créativité dont il sent l'ardeur et envers laquelle il a beaucoup d'estime[10]."Il nous faut nous aussi créer l'Afrique comme un mythe du mâle, naissant à travers ce grand désordre mondial du créateur Ptah. De la même façon que Zarathustra naît de Dionysos, nous devons retourner en Egypte, car "l'Egypte est avant tout la manifestation de la force créatrice de l'esprit[11]." Nietzsche dans sa créativité artistique[12] nous a indiqué la voie de l'enfance par Dionysos-enfant, "ce Dieu qui

....

7 LOREAU (Dominique).- *L'art de la simplicité.* (Paris, Marabout 2005), p. 314

8 PICART(Caroline Joan S.).- *Resentment and the "Feminine" in Nietzsche's politico-aesthetics* (The Pennsylvania State University Press, Pennsylvania 1999), p. 83ss.

9 AKE Patrice Jean.- *Lecture philosophique* , Editions Ucao 2013.

10 AKE Patrice Jean.- *Lecture philosophique* , Editions Ucao 2013, p. 9.

11 BILOLO (Mubabinge.- *Le créateur et la création dans la pensée Memphite et amarnienne. Approche synoptique du Document Philosophique de Memphis et du grand Hymne Théologique d'Echnaton*, Menaibuc 2005, p. 1.

12 AKE (Patrice Jean).- "Nietzsche et sa créativité artistique" (un article à paraître).

se manifeste en apparaissant, qui s'adresse particulièrement à la vue et qu'accompagnent éclats de lumière et langues de flammes. Le coup d'éclair marque sa naissance, qui tue au même moment sa mère Sémélé. Cousu dans la cuisse de Zeus pour y finir sa gestation, il en sort portant deux torches.[13]" Nous voulons nous servir de la puissance créatrice de l'Egypte pour montrer que le salut de l'Afrique ne sera pas seulement économique (matériel) mais surtout et avant tout spirituel et cela dépend de "l'acte créateur de l'homme[14]" africain. Nous devons nous recréer par la pensée et privilégier la pensée dans cette activité créatrice. La pensée africaine est comme le dionysisme 'le champ d'une logique circulaire: elle manie parfaitement l'opposition binaire, mais elle la solde par oui et non. Au lieu d'opposer les termes antagoniques, ainsi que l'esprit humain l'aurait fait – a-t-on soutenu – en tous lieux et de tout temps, elle les relie, elle en assure la jonction dans les circuits qui se regoupent en un système rigoureux[15]."

VII. Conclusion generale

Zarathustra a-t-il atteint maintenant l'étape de l'enfant ? C'est une question dont on ne peut naturellement répondre par une justification déductive. Selon Robert Gooding Williams, elle est atteinte:

« Pendant que le plan du livre le dévoile, nous trouvons Zarathustra en train de devenir à nouveau un chameau et un lion ...avant la conclusion, à la fin du livre, il termine son destin en tant qu'enfant. »[16]

Contrairement à cette déclaration, l'étape mentale de l'enfant n'est pas atteinte, par exemple, chez Peter Glasser:

....

13 DARAKI(Maria).- *Dionysos et la déesse terre*, (paris, Chaps/Flammarion 1994), p. 21.

14 BILOLO(Mubabinge.- o.c, p. 3.

15 DARAKI(Maria).- *Dionysos et la déesse terre*, (paris, Chaps/Flammarion 1994), p. 31.

16 GOODING- Williams, Robert.- *Zarathustra's Three metamophoses*, S. 233.

« Zarathustra reste, malgré la dernière transformation (Partie IV) qui est seulement une métamorphose d'apparence, à l'étape de lion. »[17]

Le signe attendu longtemps du « »lion riant avec un essaim de colombes[18] » s'est, en effet produit sur chaque cas de manière aérienne:

« Le signe vient », dit Zarathustra, et son cœur se transforma. Et en vérité, lorsqu'il vit clair devant lui, une énorme bête jaune était couchée à ses pieds, inclinant la tête contre ses genoux... Tout cela dura longtemps ou bien très peu de temps: car véritablement il n'y a pas de temps sur la terre pour de pareilles choses.[19] »

Dans le discours « Au sujet des trois métamorphoses », ça s'appelle, 'l'enfant est innocence et oubli, un nouveau commencer... une roue roulant sur elle-même... » Un nouveau commencer aura lieu ici, à la fin du *Zarathustra*, en effet, car Zarathustra se trouve à la même place et quitte, comme au début du livre, sa caverne. Cette affirmation de l'éternel Retour, du cycle éternel, de la roue roulant sur elle-même, implique l'heure de la naissance du Surhomme. Zarathustra oublie aussi sa compassion de l'homme supérieur:

« Pitié! La pitié pour l'homme supérieur! S'écria-t-il, et son visage devint de bronze. Et bien! Cela - a eu son temps ! Ma passion et ma compassion- Qu'importe d'elles ? Est-ce que je recherche le bonheur ? Je recherche mon œuvre ! Et bien ! Le lion est venu, mes enfants sont proches, Zarathustra a mûri, mon heure est venue: - Voici mon aube matinale, ma journée commence, lève-toi donc, lève-toi, ô grand midi! »[20]...

Comme on peut voir dans cette dernière phrase de Zarathustra, l'étape d'enfant n'a pas encore été atteinte. Il a presque laissé

17 GASSER, Peter.- *Rhetorische Philosophie*, S. 76.
18 4,249,9.
19 4,406,23.
20 4,408,13.

l'étape de lion et jure au grand midi ; ici prend fin le *Zarathustra* et peut encore avec le début commencer à nouveau...

La parabole de Nietzsche, « au sujet des trois métamorphoses » a aussi son revers de la médaille, à la lumière des métamorphoses présentées dans le texte. Elle s'écrit, pour autant qu'elle soit lue comme un élément structuré à travers le texte entier, dans une poétique qui s'écoule hors de sa norme elle-même. La représentation d'un auto-enrichissement sans fin que le chapitre d'entrée cite justement, semble subordonnée au sujet, frappe plus dans le cours du texte dans la tentative ambivalente du devenir du surhomme qui est dévoré par l'éternel Retour. Comme dans l'interprétation du mythe de Sysiphe d'Albert, le créer et l'aller du chemin lui-même du sens, pas une instance d'au delà humaine et un sens refusé[21].

Si on part maintenant d'une marche macroscopique du texte, et si cette interprétation essaie maintenant d'arranger les étapes des trois métamorphoses, on doit admettre que, sur la base de la forme de ce texte, on se trouve déjà seulement dans l'étape chameau. On doit s'en tenir à des règles scientifiques - les règles de citations et des règles formelles; autrement, on ne fait plus, pour le dire avec les mots de Foucault, « partie du discours[22] »

« Dans les limites, chaque discipline connaît des phrases vraies et fausses, mais au-delà de ses limites, elle laisse une tératologie entière du savoir proliférer...Une phrase doit correspondre ainsi à des exigences complexes et difficiles, pour pouvoir appartenir à la totalité d'une discipline. Avant qu'elle ne puisse être qualifiée de vraie ou de fausse, elle doit être, comme le dirait, Georges Canguihlem, 'dans le vrai' »[23].

....

21 Comparer Pieper Annemarie.- *Zarathustra als Verkünder des Übermenschen und Fürsprecher des Kreises*, S. 117 in Gerhardt, Volker.- *Klassiker Anslegen - Friedrich Nietzsches: Also sprach Zarathustra.*)

22 Foucault, Michel.- *Die Ordnung des Diskurses,* S. 68ff.

23 Foucault, Michel.- *Die Ordnung des Diskurs*, S. 67.

Cette rétention des normes réfractaires, qualifierait Nietzsche d'un esprit qui se trouve à l'étape du chameau; Nietzsche a qualifié ce type dans *Par-delà le Bien et le Mal* d'homme scientifique:

« Qu'est-ce que l'homme de science ? D'abord une sorte de roturier, avec les vertus d'une espèce d'homme sans noblesse, c'est-à-dire qui ne domine pas, qui n'exerce pas d'autorité et qui n'a pas bonne opinion de soi: il est travailleur, il prend docilement sa place dans le rang, ses talents et ses besoins sont mesurés et réguliers,... »[24] .

Que cette norme se modifie, elle qui a naturellement aussi dans le contexte scientifique ses sens et ses points de vue, est peu probable et ne nous est peut-être montrée seulement par l'avenir.

....

24 5, 133,27.

Bibliographie

Les textes de Nietzsche ont été cités d'après la kritischen Studienausgabe, (KSA) publiés par Giorgio Colli et Mazzino Montinari (Volume, page, ligne).

AKE (Patrice Jean). – *La philosophie de l'esprit*, Editions Ucao à paraître.

AKE (Patrice Jean).- *Lecture philosophique* , Editions Ucao 2013

ANDREAS-SALOME(Lou).- *Friedrich Nietzsche à travers ses œuvres*, Paris, Grasset, 1992

ARENDT (Hannah).- *Du mensonge à la violence,* Calmann Levy 1972

ASSEMIEN (Adja François).- *La pensée politique pour sauver la Côte d'Ivoire*, Editions Afro-Star 2003

BANIAFOUNA (Calixte). *La démocratie néocoloniale de la France. 5 cartes électorales pour un Président de la communauté internationale en Côte d'Ivoire,* (Paris, L'Harmattan 2011)

BANIAFOUNA (Calixte). *La démocratie de l'ONU en Côte d'Ivoire. Du Machin de De Gaulle au bras armé de la Françafrique* (Paris, L'Harmattan, 2011)

BAVEREZ (Nicolas).- *La France qui tombe*, Perrin 2003

BELAVAL (Yvon).- *Les philosophes et leur langage* (Gallimard, Ohio University Presse 1967)

BENNHOLDT-THOMSEN (Anke).- *Nietzsches Also sprach Zarathustra als literarisches Phänomen - Eine Revision,* Frankfurt am Main, 1974

BESSON-GIRARD (Jean-Claude).- *Decrescendo cantabile. Petit manuel pour une décroissance harmonique* (Lyon Parangon 2005)

BIEBUYCK B. (1994). – *Nietzsche und die Metapher: zwanzig Jahre später:* in *Recherches Germaniques* 24, 55-80

BIEBUYCK B (1998).- *Nietzsches Curse on Christianity. Explorations of the Power of Creative Metaphor.* In DERS/DIRVEN R./RIES J. (Hg.). – *Faith and Fiction. Frankfurt/ M.,* 191-218.

BIEBUYCK B (2008). – *Von der Mystik der unthüllenden Fülle zum Mysterium der befehlenden Leere Mittelbarkeit und Unmittelbarkeit in F. Nietzsches Sprachphilosophie:* In BEREMSMEYER I(Hg).- *Mystik und Medien: Erfahrung – Bild- Theorie.* München, 133-149. BLIX (Hans).- *Irak, les armes introuvables.* (Paris, Fayard 2004)

BILOLO (Mubabinge).- *Le créateur et la création dans la pensée Memphite et amarnienne. Approche synoptique du Document Philosophique de Memphis et du grand Hymne Théologique d'Echnaton,* Menaibuc 2005

BOULAGA EBOUSSI (Fabien).- *La crise du Muntu. Authenticité africaine et Philosophie,* (Paris, Présence Africaine 1977)

BRO-GREGBE(Geneviève).- *Mon combat pour la patrie.* Mémoire d'une guerre. (Abidjan, PUCI 2004)

BRUSOTTI (Marco).- *Die Leidenschaft der Erkenntnis - Philosophie und ästhetische Lebensgestaltung bei Nietzsche von Morgenröthe bis Also sprach Zarathustra,* Berlin 1994

BUFFIERE (Félix).- *Les mythes d'Homère et la pensée grecque* (Paris, Belles Lettres 1973)

BUGNON-MORDANT(Michel).- *Etats-Unis, la manipulation planétaire,* (Paris, Favre 2003)

BULLETIN de la société française de Philosophie.- *L'individu chez Nietzsche ; décadence et récapitulation.* Séance du 19 Mai 2001.

CARL (Honoré).- *Eloge de la lenteur,* Marabout 2004

CHATENET (Pierre).- *Décolonisation. Souvenirs et Réflexion,* Paris, Buchet/Chastel 1998

COLLINS (Max Allan).- *American Gangster* Universal Studio LLC 2007

CONTAMIN(Bernard) et MEMEL FOTE (Harris).- *Le modèle ivoirien en question,* (Paris, Karthala 1997)

COUTAGNE (Marie Jeanne).- *Maurice Blondel et la quête du sens* (Paris, Beauchesne 1998)

CROSSMAN(Sylvie) et BAROU(Jean-Pierre).- *Enquête sur les savoirs indigènes,* Folio 2001

DARAKI(Maria).- *Dionysos et la déesse terre,* (Paris, Chaps/ Flammarion 1994)

DELTOMBE (Thomas), DOMERGUE (Manuel), TATSITSA (Jacob).- *Kamerun !Une guerre cachée aux origines de la Françafrique 1948-1971,* (Paris, La Découverte 2011)

DERRIDA (1971).- *La mythologie blanche (la métaphore dans le texte philosophique.* In Poétique 5, 1-52;

DUHAMEL (Roland).- *Nietzsches Zarathustra, Mystiker des Nihilismus,* Würzburg 1991

FINK (Eugen).- *Nietzsches Philosophie,* Stuggart 1979

FONTANIER(Pierre). *Les figures du discours* (Paris, Flammarion 1977)

FOUCAULT (Michel).- *Die Ordung des Diskurses.* in FOUCAULT.- *Botschafen der Macht - Reader Diskurs und Medien,* Stuttgart 1999

FRITZEN (Werner).- « Von der unbefleckten Erkenntnis ». Zu einem Kapitel des Zarathustra. In: DVjs 58 (1984), Hefr 3, S. 428-453

GASSER (Peter).- *Rhetorische Philosophie - Leseversuche zum Methaphorischen Diskurs in Nietzsches „Also sprach Zarathustra",* Bern 1993

GAZOA (Germain).- *La guérison des blessures intérieures. Pour reconstruire une vie brisée,* (Abidjan, St Mathieu 2009)

GBAGBO (Laurent).- *Soundjata, lion du Manding,* (Abidjan, Ceda 1979)

GELLHORN (Martha).- *Quel temps fait-il en Afrique ?*Calmann-Levy 2006)

GERHARDT(Volker) (éd.).- *Klassiker Auslegen - Friedrich Nietzsches: Also sprach Zarathustra*, Berlin 2000

GOODING-WILLIAMS(Robert).- *Zarathustra's Three Metamorphoses.* In KOELB (Clayton) (éd.).- *Nietzsche as Postmodernist*, State University of New York, 1990

GOODY(Jack).- *Le vol de l'histoire. Comment l'Europe a imposé le récit de son passé au reste du monde.* Paris, Gallimard 2010.

GOVRY(Ivan).- *Le Vocabulaire grec de la philosophie*, Ellipses 2000.

GRODDECK (Wolfram).- Vom Gesicht und Rätsel. Zarathustras physiognomische Methamorphosen. In: GRODDECK W. und STADLER U. *Physiognomie und Pathognomie (*Festschrift für Karl Pestalozzi zum 65. Geburtstag)

GUILLEBAUD(Jean-Claude).- *La Refondation du monde*, Seuil 1999

HARREL(Xavier).- *Afrique, pillage à huis clos, comment une poignée d'initiés siphonne le pétrole africain,* (Paris, Fayard, 2006)

HARTMANN(Florence).- *Paix et châtiment. Les guerres secrètes de la politique et de la justice internationale*, Flammarion 2007

HELLER (Erich).- *The Disinherited Mind*, New York 1975

HÖDL h.g. (1997).- *Nietzsche frühe Sprachpraxis. Lektüren zu "Ueber Währheit und Lüge in aussermoralischen Sinne (*1873), Wien.

KENMOGNE (Emile).- *Philosophie et problématique du développement*, L'Harmattan 2010

KREMER MARIETTI A. (1992).- *Nietzsche et la rhétorique.* Paris.

KÖHLER(Joachim).- *Zarathustras Geheimnis*, Nördligen 1989

KOUAMOUO(Théophile).- *La France que je combats. Intinéraire intellectuel et personnel*, les éditions du Nouveau Courrier 2005

KOULIBALY(Mamadou).- *La souveraineté monétaire des pays africains,* (Paris, l'Harmattan, 2009)

KOULIBALY(Mamadou).- *Les servitudes du pacte colonial,*(Abidjan, Ceda/Nei 2005)

KOULIBALY(Mamadou).- *Leadership et développement africain, les défis, les modèles et les principes,* (Paris, L'Harmattan, 2008)

LACOUE-LABARTE P. (1971).- *Le detour (Nietzsche et la rhétorique)* in Poétique 5, 53-76

LLOYD(Rhiannon) et BRESSER (Kristine).- *Comment guérir des blessures intérieures résultant de conflits. Guérir, pardonner, se réconcilier,* centre des publications évangéliques 2006

LOGBO(Gnezé).- *Le Président qu'il faut aux ivoiriens au XXIè siècle,* (Abidjan Dagekof 2005)

MELLO(Ahoua Don).- *L'ivoirien nouveau,*(Abidjan, La Refondation 2010)

MEMMI (Albert).- *Portrait du colonisé. Portrait du colonisateur,* Folio, Gallimard 1985

MONTARINI(Mazzino).- *Nietzsche lesen,* Berlin 1982

MÜLLER-NIELABO D. (1995).- *Wider die "Vernunft in der Sprache". Zum Verhältnis von Sprachkritik und Sprachpraxis im Schreiben Nietzsches* Tübingen

MULONGO MASANGU (Jean-Claude).- *Pourquoi je crois au progrès de l'Afrique. Credo d'un banquier africain* Cesson Sevigné 2009

MURPHY T 2001. *Nietzsche, Metaphor, Religion.* Albany.

NAUMANN B. (1985).- *Nietzsches Sprache "Aus der Natur". Ansätze zu einer Sprachtheorie in den frühen. Schriften und ihre metaphorische Einlösung in "Also sprach Zarathustra".* In *Nietzsche-Studien 14, 126-163.*

NIANE(Djibril Tamsir).- *Soundjata ou l'épopée mandingue* (Paris, Présence africaine 1960)

NIANE(Djibril Tamsir).- *Kouroukan Fouga. Soundjata et l'assemblée du peuple*, la Charte du Mandé Abidjan, Ceda/Nei 2010

NEHAMAS (Alexander).- *Nietzsche, Life as Literature*, Cambridge 1985

OCKENFELS(Wolgang) et GOUDJO(Raymond).- *Des campagnes électorales. Les vieux démons se réveillent.* Cotonou, Editions Flamboyant, 2000

ONANA(Charles).- *Côte d'Ivoire. Le coup d'Etat*, (Paris, éditions Duboiris 2011)

OTTO D. (1994).- *Die Version der Metapher zwischen Musik und Begriff.* In: Borsche/Gerratana/ venturelli (Hg.), 167-190. PEAN(Pierre).- *Carnages, les guerres sécrètes des grandes puissances en Afrique*, (Paris, Fayard, 2010)

PICART(Caroline Joan S.).- *Resentment and the "Feminine" in Nietzsche's politico-aesthetics* (The Pennsylvania State University Press, Pennsylvania 1999)

PIEPER (Annemarie).- *Ein Seil geknüpft zwischen Tier und Übermensch*, Stuttgart, 1990

POCHE(FRED).- *Blessures intimes blessures sociales. De la plainte à la solidarité*, Cerf, 2008

RECHT(Marcus).- *Von den drei Verwandlungen* unter Leitung von Dr. ZITTEL (Claus), Seminar Friedrich Nietzsche: Also sprach Zarathustra

SAÏD BEN (Mahmoud).- *Guinéens, adoptons la bonne gouvernance.* Guinée, L'Harmattan, 2010

SEAMANDS(David A.).- *La guérison des souvenirs. Approche pratique*, Editions Empreinte 1998

SEAMANDS(David A.).- *Guérison des blessures émotionnelles. Se rétablir d'un passé qui nous fait souffrir* , Editions Farel 1996

SEAMANDS(DAVID) et FUNK(Beth).- *Guide de Guérison des blessures émotionnelles. Se rétablir d'un passé qui nous fait souffrir. Ressources pour la réflexion* , Farel 1996

SMITH(Stephen).- *Voyage en postcolonie. Le nouveau monde franco-africain*, Grasset 2010

STERN J.P. (1978).- *Nietzsche and the Idea of Metaphor* In : PASLEY M. (Hg.) – *Nietzsche: imagery and thought.* London, 64-82;

STINGELIN M. (1992).- " *Moral und Physiologie". Nietzsches Grenzverkehr zwischen den Diskursen*: In DOTZLER B. J. (Hg.) Technopathologien. München, 41-57

TEBARTZ- VAN ELST A (1994). – *Ästhetik der Metapher: zum Streit zwischen Philosophie und Rhetorik bei F. Nietzsche.* Freiburg; Br.

THALKEN M. (1999).- *Ein bewegliches Heer von Metapher: sprachkritisches Sprechen bei* F.N., GUSTAV GERBER, FRRITZ MAUTHNER und KARL KRAUS Frankfurt/

TOHA (Faustin).- *devoir de mensonges. Crise à l'ivoirienne*, Abidjan, Ceda/Nei 2008

TOULOU (Lucien).- *Elections et sortie de crise en Côte d'Ivoire. Aux urnes pour dire adieu aux armes.* (Abidjan, CERAP 2008

VARENNE (Leslie).- *Abobo la Guerre. Côte d'Ivoire : terrain de jeu de la France et de l'ONU,* Mille et une nuit 2012

WITTGENSTEIN, (Ludwig).- *Tractatus logico-philosophicus*, Stuttgart 1990

YENIKOYE(Aboubacar Ismaël.- *La fracture mondiale. Afrique : Autopsie d'une tragédie.* (Paris, L'Harmattan 2007)

M. ZITTEL C. (2000). – *Die Aufhebung der Anschauung in Spiel der Metapher. Nietzsches relationale Semantik* In *Nietzscheforschung* 7, 273-285

ZITTEL(Claus).- *das ästhetische Kalkül von Friedrich Nietzsches „Also sprach Zarathustra"*, Würzburg 2000.

ZUNJIC S. (1987) *Begrifflichkeit und Metapher. Einige Bemerkungen zu Nietzsches Kritik an der philosophischen Sprache.* In *Nietzsche-Studien* 16, 149-163.

Table des matières

L'HARMATTAN ITALIA
Via Degli Artisti 15; 10124 Torino

L'HARMATTAN HONGRIE
Könyvesbolt ; Kossuth L. u. 14-16
1053 Budapest

L'HARMATTAN KINSHASA
185, avenue Nyangwe
Commune de Lingwala
Kinshasa, R.D. Congo
(00243) 998697603 ou (00243) 999229662

L'HARMATTAN CONGO
67, av. E. P. Lumumba
Bât. – Congo Pharmacie (Bib. Nat.)
BP2874 Brazzaville
harmattan.congo@yahoo.fr

L'HARMATTAN GUINÉE
Almamya Rue KA 028, en face du restaurant Le Cèdre
OKB agency BP 3470 Conakry
(00224) 60 20 85 08
harmattanguinee@yahoo.fr

L'HARMATTAN CAMEROUN
BP 11486
Face à la SNI, immeuble Don Bosco
Yaoundé
(00237) 99 76 61 66
harmattancam@yahoo.fr

L'HARMATTAN CÔTE D'IVOIRE
Résidence Karl / cité des arts
Abidjan-Cocody 03 BP 1588 Abidjan 03
(00225) 05 77 87 31
etien_nda@yahoo.fr

L'HARMATTAN MAURITANIE
Espace El Kettab du livre francophone
N° 472 avenue du Palais des Congrès
BP 316 Nouakchott
(00222) 63 25 980

L'HARMATTAN SÉNÉGAL
« Villa Rose », rue de Diourbel X G, Point E
BP 45034 Dakar FANN
(00221) 33 825 98 58 / 77 242 25 08
senharmattan@gmail.com

L'HARMATTAN BÉNIN
ISOR-BENIN
01 BP 359 COTONOU-RP
Quartier Gbèdjromèdé,
Rue Agbélenco, Lot 1247 I
Tél : 00 229 21 32 53 79
christian_dablaka123@yahoo.fr

Achevé d'imprimer par Corlet Numérique - 14110 Condé-sur-Noireau
N° d'Imprimeur : 110000 - Dépôt légal : juillet 2014 - *Imprimé en France*